泰山学院学术著作出版基金资助出版

高新技术企业

"90后"知识型员工激励及其对组织绩效的影响研究

GAOXIN JISHU QIYE
"90 HOU" ZHISHIXING YUANGONG JILI JIQI DUI
ZUZHI JIXIAO DE YINGXIANG YANJIU

王爱琴 ◎ 著

经济管理出版社
ECONOMY & MANAGEMENT PUBLISHING HOUSE

图书在版编目（CIP）数据

高新技术企业"90后"知识型员工激励及其对组织绩效的影响研究/王爱琴著 . —北京：经济管理出版社，2023.10
ISBN 978-7-5096-9383-4

Ⅰ.①高…　Ⅱ.①王…　Ⅲ.①高技术企业—企业管理—人事管理—激励—研究—中国　Ⅳ.①F279.244.4

中国国家版本馆 CIP 数据核字（2023）第 204995 号

组稿编辑：张馨予
责任编辑：张馨予　张玉珠
责任印制：许　艳
责任校对：陈　颖

出版发行：经济管理出版社
　　　　　（北京市海淀区北蜂窝 8 号中雅大厦 A 座 11 层　100038）
网　　址：www. E-mp. com. cn
电　　话：（010）51915602
印　　刷：唐山昊达印刷有限公司
经　　销：新华书店
开　　本：720mm×1000mm/16
印　　张：14.25
字　　数：256 千字
版　　次：2023 年 11 月第 1 版　　2023 年 11 月第 1 次印刷
书　　号：ISBN 978-7-5096-9383-4
定　　价：98.00 元

前　言

　　"90 后"知识型员工是高新技术企业里最鲜活、最具生命力的群体，他们善于创新、勇于挑战、追求自我实现，同时也具有个性张扬、不听管教、流动性强等缺点。研究"90 后"知识型员工的激励问题不仅能提高"90 后"知识型员工的工作积极性，还能极大地提升高新技术企业的组织绩效，促进组织的长远发展。

　　本书研究主要体现在以下四点：

　　（1）系统梳理了国内外研究现状，为本书的研究奠定了良好的理论基础。从"90 后"知识型员工的需求入手，在对高新技术企业"90 后"知识型员工及管理者进行访谈的基础上，分析了当前"90 后"知识型员工激励中存在的主要问题，包括激励体系不完善、激励机制不合理、缺乏系统完善的培训体系、物质激励没效果、重物质激励轻精神激励、激励方式组合不合理、领导者对"90 后"知识型员工的信任不足、"90 后"知识型员工的职业发展空间受限、部分高新技术企业管理方式陈旧等方面，并从激励制度的制定脱离员工需求、企业管理者缺乏正确的经营理念、对"90 后"知识型员工的绩效考核不合理、团队缺乏凝聚力、企业内部缺乏畅通高效的沟通机制、"90 后"知识型员工自身的原因、企业战略规划的缺失、企业有形资源的缺乏等方面分析了激励中存在问题的主要原因。

　　（2）构建了以物质基础、职业发展、人际关系、制度支撑、环境支持五大激励要素为基础，以员工敬业度为中介变量，以工作能力和组织战略为调节变量的高新技术企业"90 后"知识型员工激励模型。

　　（3）验证了物质基础、职业发展、人际关系、制度支撑、环境支持五大激励要素对组织绩效的影响及员工敬业度对组织绩效影响的中介作用；同时验证了工作能力、组织战略在模型中起到的调节作用。

（4）提出了高新技术企业"90后"知识型员工激励的有关对策，包括把"90后"知识型员工安排在合适的工作岗位上、注重对"90后"知识型员工的培训、加大对"90后"知识型员工的物质激励、注重对"90后"知识型员工的绩效考评、注重"90后"知识型员工的职业生涯管理、注重与"90"后知识型员工的交流沟通、对"90后"知识型员工正确授权等方面。

目 录

第一章 绪论

第一节 研究背景

国家越来越意识到人才发展的重要意义，从整体战略上对人才的发展越来越重视，不断采取各种措施优化人才发展环境，激发人才工作动力，促进人才长远发展。人才兴则民族兴，人才强则国家强，国家对人才发展的重视为企业大力开展人才工作，实现人才"引得进、留得住"提供了根本性的指导意见，为实现人才的发展提供了良好的大环境。在这样的大背景下，如何激励人才，成为摆在企业管理者面前的一个重要课题。

20世纪60年代以来，企业理论开始兴起，随着学者们对企业理论的关注，作为企业理论中非常重要的激励理论随之产生。学者们普遍认为，所谓激励就是要采取各种措施不断满足人的需求，在此基础上实现人的发展，而不是对人进行控制和操纵。美国哈佛大学的专家研究了激励与员工潜力发挥之间的重要关系，研究成果显示：如果员工在一个缺乏激励的环境中工作，那么其潜力只能发挥出20%~30%，甚至可能会降低其潜力的发挥；但把同样的员工放在重视激励的工作环境中，该员工的工作潜力却得到了80%~90%的提升。该研究成果比较直观地显示出激励对于员工能力发挥的重要意义，反映出激励对于激发员工的工作积极性、提高员工的工作绩效具有至关重要的作用。随着专家学者对激励理论的研究日益深入，激励的重要性得到广泛认可。管理者在企业的经营管理中越来越注重对激励措施的运用。

"知识型员工"这一概念是由美国学者彼得·德鲁克提出的，自从这一概念提出之后，越来越多的学者开始研究知识型员工这一群体，企业管理者也逐渐开始关注对知识型员工的激励问题。彼得·德鲁克（2008）曾指出："21世纪企业最值钱的资产是知识工作者及其生产力，21世纪对管理最重要的贡献将是提高知识工作者的生产力。"通过彼得·德鲁克的这句话，我们可以看出知识型员工的重要作用。与其他类型的员工相比，知识型员工具有个人素质高、独立自主性强、不崇尚权威、劳动过程难以监控、员工流动性强等特点。这就决定了对知识型员工的激励更为复杂，更具挑战性，必须要采取不同于其他类型员工的方式方法。自从知识型员工这一概念被提出来之后，专家学者们就从来没有停止过关于知识型员工的相关研究，特别是关于知识型员工激励问题的研究。刘蕾（2017）指出，知识型员工更乐于追求个性化和多样化，因此针对他们设计的激励机制应重点考虑内在报酬。陈改（2019）认为，中国的知识型员工对于个性化及自主性有着很高的追求，而且更重视对于工作的满足感。

"90后"知识型员工是知识型员工中的一个特殊年龄群体，是企业中最鲜活、最具生命力的群体，他们具有素质较高、追求自我、喜欢挑战、渴望认可、富有创新力、自我实现愿望强烈等这个年龄群体特有的优点。Wim（2018）认为，"90后"知识型员工具有极强的创新能力，他们不但能创造新型知识，而且能够将知识进行有效的传递和应用。但同时"90后"知识型员工也有个性张扬、桀骜不驯、恃才傲物、不听管教等缺点。这就导致他们可能难以顺利进入职场角色，难以适应企业既定的组织机制和企业文化，最终掣肘岗位任务进度。与其他年龄层次的员工相比，在职场中"90后"知识型员工的一个最显著特点就是在工作中缺乏稳定性，流动性普遍较强。Helen（2019）研究发现，新生代知识型员工在企业间的流动性意愿较强，长期在一家企业工作的情况较为少见。

与传统企业和其他年龄层次的知识员工相比，高新技术企业"90后"知识型员工有很多特有的特征，他们懂技术、敢创新、勇于挑战、勇于担当、责任心强。因此，在对高新技术企业"90后"知识型员工激励时，必须根据高新技术企业的特点和员工的个性特征采取新的激励组合方式。但是研究者通过调研发现，目前很多高新技术企业对员工的激励存在很多问题，特别是对"90后"知识型员工的激励问题还没有引起足够的重视，大部分高新技术企业缺乏专门针对

"90后"知识型员工的激励策略和激励机制，激励过程中存在对所有员工采取同样的激励措施的"一刀切"现象。激励机制的不完善和激励措施的缺乏导致企业中有技术、有能力的"90后"知识型员工忠诚度降低，不利于高新技术企业的长远发展。因此，在人才战争愈演愈烈、人才需求更加多样化的大环境下，结合高新技术企业"90后"知识型员工的特点，研究如何在最大程度上激励他们，提高他们的工作绩效是当前企业家面临的一个管理难题。

通过前面的分析，可以得出本书研究主题是在国家发展需要、企业发展需要及人才自身发展需要的背景下展开的。本书更加精确地将研究对象定义为"90后"知识型员工，并对企业类型进行了界定，将企业类型定义为高新技术企业，结合"90后"知识型员工的个性特征、知识水平、发展需求展开对其激励问题的系统研究。本书研究成果能为高新技术企业解决人才流失和不稳定的问题提供帮助。

第二节　研究意义

高新技术企业"90后"知识型员工激励及其对组织绩效的影响研究这一研究课题，着眼于高新技术企业这一特定的企业类型和"90后"知识型员工这一特定的人群层次，并且关注激励与组织绩效的关系。该研究课题不仅具有重要的理论研究意义，还具有非常重要的实践研究意义。

一、理论研究意义

通过查阅激励方面的相关研究文献发现，目前关于激励方面的文献资料虽然很多，但是学者们大多是零散地、笼统地提出一些关于员工激励或者管理层激励的相关措施。专门研究"90后"知识型员工激励的文献并不多见，研究高新技术企业"90后"知识型员工激励的更是少有。学者们在研究激励问题时多采用理论分析方法和实地调研方式，通过实证研究得出结论并提出解决对策的研究文献不多见。这导致了研究结论因为没有数据的支撑而缺乏说服力，研究结论的针对性、实用性不强。很多研究文献偏重于对策研究，对激励理论方面的梳理不够完善，这导致对激励理论的理解不够深刻，给后续的实证研究造成了一定的困难。另外，对激励结果，也就是激励对组织绩效的影响进行研究的文献资料较少，相关的实证研究更是鲜有，这导致对激励问题的相关研究没有落脚到如何提高组织绩效上，研究结论缺乏现实意义。结合以上关于激励方面的研究现状，本书的理论研究意义体现在三个方面。

（一）研究对象更加清晰具体

重点研究高新技术企业"90后"知识型员工这一特定群体的激励问题，补充了以往激励中研究对象过于宽泛、研究结论的现实指导意义不强这一缺点。在进行研究时，本书对激励有关理论和国内外学者的研究现状进行了系统梳理，详细介绍了激励的基本理论及每种激励理论对高新技术企业激励"90后"知识型员工的重要启示。使读者在了解激励研究现状和每一种激励理论内容的同时，发现以往激励理论研究中存在的不足，引发读者关于激励理论研究的有关思考，促使激励理论的研究更好地与企业激励员工的实践加以结合，促进激励理论研究体系更加系统化、清晰化。

（二）注重对激励效果的研究

通过查阅与激励相关的参考文献发现，以往的研究大多将重点放在对激励本身及其激励的前因变量方面，对激励效果的研究文献不多。本书以激励对组织绩效的影响为研究视角，通过对调查数据进行分析，提取激励要素。本书重点探讨了物质基础、职业发展、人际关系、制度支撑、环境支持五个激励要素对高新技术企业组织绩效的影响问题；将研究落脚到激励对组织绩效的提升及如何促进组织的发展上，拓宽了激励问题的研究视角，对员工激励问题研究是一个有益补充。

（三）补充了以往激励研究方法中的不足

本书弥补了以往激励研究方法中的不足。研究者通过深入山东省高新技术企业实地调研，对企业管理者和"90后"知识型员工进行访谈，并制定、发放了针对知识型员工和管理人员的访谈纲要和调查问卷。通过对访谈纲要和调查问卷进行回收和分析，为后续实证研究的顺利开展提供了翔实的数据支撑，为确保研究成果的针对性和实用性奠定了坚实的基础。

二、实践研究意义

知识型员工代表最先进的生产力，掌握着最先进的生产技术，体现了企业工作效率和竞争能力的高低，决定了企业的发展方向和发展前途。对于高新技术企业而言，大力引入生产技术高、创新精神强的"90后"知识型员工，有利于加强企业人才梯队建设，为企业的长远发展奠定坚实的人才储备。

随着"90后"知识型员工规模的不断扩大，为高新技术企业的发展带来了新生力量，促进了人才结构的优化和高新技术企业的蓬勃发展。但同时也出现一些负面效应，随着"90后"知识型员工的不断加入，使高新技术企业内部出现了一些管理难题。例如，年轻员工难以建立深层次的岗位黏性，体现在年轻员工对于工作岗位职责的热爱程度不够、对企业缺乏奉献精神、缺乏员工敬业度、不关注企业的发展，甚至不配合企业管理规章的实施。岗位黏性的缺乏在一定程度上导致"90后"知识型员工与高新技术企业之间难以找到发展的共同点，员工与企业之间的矛盾日益深化，不仅阻碍"90后"知识型员工的个人发展，也不利于高新技术企业的长远发展。因此，鉴于"90后"知识型员工创新性强、眼高手低、心理脆弱、叛逆等鲜明的个性特征，结合他们的个人成长经历和在工作岗位中的各种表现，通过认真研究和发掘"90后"知识型员工的内心需求和发展愿望，并在此基础上制定恰当的激励方案和激励机制，不论从"90后"知识型员工自身发展的角度还是从组织角度来说都具有重要的现实意义。

（一）从组织的角度来看，有助于促进组织的长远发展

与其他类型的企业相比，高新技术企业的显著特点是创新性强、技术领先、团队优质、高速成长，高新技术企业的特点决定了对知识型员工有着强烈的需求。近几年来，随着高新技术企业内部"90后"知识型员工逐渐成长和发展，以及刚毕业的"90后"知识型员工踏入工作岗位，不断地加入高新技术企业，使得高新技术企业年轻的"90后"知识型员工占总员工的比重处于不断上升的态势。"90后"知识型员工对于高新技术企业的发展发挥着越来越重要的作用，可以说"90后"知识型员工与高新技术企业本身已经成为密不可分的命运共同体。

对于高新技术企业管理者而言，要转变思想，既要高度关注生产发展、技术创新，也要高度关注人的发展，管理者要把对生产的高度关心和对人的高度关心

结合起来。只有注重对人才的激励，在满足人才需求的基础上设置科学合理的激励机制，才能真正抓住"90后"知识型员工的内心，真正激发他们的创新精神和创新能力，为组织的长远发展奠定坚实的基础。

（二）对"90后"知识型员工激励的研究有助于实现高新技术企业的资本价值增值

对于高新技术企业而言，实现资本的价值增值具有重要意义，只有不断地实现资本的价值增值企业才能够生存和发展下去。要实现资本的价值增值离不开人才的有力支撑，尤其是离不开知识型员工的支持。因此，对于高新技术企业而言，为实现资本价值增值的目标就必须注重对知识型员工的引进和培养。通过对"90后"知识型员工进行有效激励，在很大程度上不仅可以提高员工的工作积极性，充分激发员工的工作热情，还可以使其凭借自己所掌握的最新知识和技能，让有限的物质资本发挥出最大的效能，提高企业的竞争能力。

（三）可以提高"90后"知识型员工的工作绩效，有利于企业留住人才

"90后"知识型员工具有该年龄群体独有的特征，他们积极向上、乐观豁达、勇于挑战，对工作抱有天然的热情，但同时也存在意志不坚定、恒定性差、责任心不强、心理素质差等缺点。"90后"知识型员工的这些特点使得企业管理者在对他们进行激励的过程中必须采取一些具有针对性的激励方法。一些高新技术企业的管理者通过适当授权、提高员工参与度、职业生涯发展、岗位晋升等多种措施对"90后"知识型员工进行激励取得了良好的激励效果。寻找适合"90后"知识型员工的激励方式，可以有效减少"90后"知识型员工的心理落差，降低员工离职率，巩固企业的人才资源。

另外，本书研究符合当前山东省经济发展的要求，契合山东省政府对人才发展方面的政策，与高新技术企业的发展现状和发展需求相吻合。本书研究成果在一定程度上有助于促进山东省政府"人才强省"战略的落实，积极发挥人才在经济发展方式调整和经济结构调整中的重要作用，有助于促进人才结构的科学化、合理化，实现人才结构的梯队化建设，促进人才的合理流动和资源的有效配置。

第三节 概念界定

一、高新技术企业

（一）高新技术

高新技术主要是指知识、技术和资金密集的新兴技术，如信息技术、电子技术、生物技术、新能源与新材料技术等。高新技术具有高智力、高收益、高渗透、高投资、高竞争、高风险、发展性、动态性等特征。

（二）高新技术企业

本书所指的高新技术企业是在山东省内利用高新技术生产高新技术产品、提供高新技术劳务的企业，是知识密集、技术密集的经济实体和组织，涉及电子信息技术、生物与新医药技术、新材料技术、新能源及节能技术、资源与环境技术等多个领域。

二、知识型员工

（一）知识型员工的概念

本书所研究的知识型员工主要是指在山东省高新技术企业中从事生产、创造、扩展和应用知识的人员，通过知识型员工的创新型工作能使高新技术企业实现知识资本的增加和货币资本的积累。具体而言，本书所指的知识型员工包括高新技术企业的管理人员、研发人员、专业技术人员和高级营销人员等。

（二）知识型员工的特点

要研究关于知识型员工的激励问题，必须准确把握知识型员工的特点，通过查阅相关文献资料，我们发现与其他类型员工相比，知识型员工的特点主要体现在五个方面。

1. 独立自主性

知识型员工能够独立自主地从事技术研发、产品生产、营销策划等活动，善于思考探索。知识型员工通常具有一定的专业技术特长和较高的专业技术水平，他们在工作中追求独立自主，喜欢按照自己的工作方法、工作程序、工作时间，独立自主地完成工作任务。他们渴望获得领导的认可和肯定，这会极大地提高他们的工作自主性和对工作的投入度。知识型员工有着较强的工作责任心，他们追求尽善尽美，认为工作是自己的事情。

2. 目标导向明确

知识型员工一般都接受过良好的教育，他们在长期的工作过程中形成了独特的思维方式和工作方法，能够为自己确立明确的目标，并一步步实现自己的各项目标，最终做出一番事业。知识型员工目标明确、思路清晰，他们以目标为导向，全力以赴实现既定目标，努力消除实现目标过程中的负面因素。他们善于把目标表述成切实的、可观察的行为，善于从一个个的小目标开始，努力实现大目标。他们脚踏实地，勇往直前，一步一个脚印向着目标努力前进，在实现工作目标的过程中享受工作带来的乐趣。他们注重自身发展，善于学习和制定学习规划，通过学习不断地提高自己的知识技能和业务水平。总体而言，知识型员工在工作中始终保持斗志昂扬、意气风发、奋发向上的精神风貌，实现高效率、高绩效、高产出，在实现个人发展的同时促进组织绩效的提升。

3. 追求自我实现

知识型员工善于通过不断地创新使企业在激烈的市场环境中赢得优势。他们更为注重自我实现，期望得到同事的认同、领导的赞赏、社会的认可，他们对精神层面的需求已经远远超过对物质层面的需求。知识型员工拥有开阔的心胸、乐观的态度、长远的眼光和进取的精神，他们不会把时间浪费在日常琐事上，很少为一点小事而斤斤计较。他们善于尝试、勇于冒险、看重自我的社会价值，通过不懈努力在不断的追求中完善自己、发展自己、实现自己的精神追求。因此，企业管理者在制定知识型员工的激励措施时，要更加关注其追求自我实现的这一特点，不断满足知识型员工的自我实现需求。

4. 对成就的渴望感更为强烈

对于在工作中已经有一定工作年限的知识型员工，他们的物质需求已经基本得到满足，他们希望在工作中给他人留下更好的印象，希望凭借自己的知识和技能带动团队发展，渴望得到社会的认可和尊重，希望能对社会发展有所贡献。因此，对于知识型员工而言，物质激励这样的传统激励手段应逐渐退居次要地位，管理者应更加注重采取一些有助于实现知识型员工成就感，使他们获得认可和尊重的激励方式和激励方法。

5. 创新性更强

信息技术和高新技术的发展对知识型员工的创新性提出了更高的要求。知识型员工掌握着大量的先进技术，善于通过不断积累丰富的工作经验提高自己处理问题、解决问题的能力。对于高新技术企业而言，必须积极创造有利于知识型员工创新性发挥的良好环境，制定高效的规章制度，提供充足的资金支持和科研设备支持，促进知识型员工自主创新能力的有效提升。

结合上文对知识型员工特点的总结，我们可以通过建立表格的形式将知识型员工与非知识型员工的工作从多个方面进行比较（见表1-1），从比较中可以更加深入地了解知识型员工所具有的一些特点。

表1-1 知识型员工与非知识型员工的工作差异比较

工作形式	知识型员工	非知识型员工
工作自主性	工作自主性较强	工作自主性较弱
工作形式	脑力劳动为主	体力劳动为主
工作时间	弹性工作时间	工作时间固定，超出工作时间可领取加班费
工作地点	工作地点的时空界限不明显	工作地点明确
工作环境	对工作环境的要求高	对工作环境的要求一般
团队合作	对团队合作的要求高	对团队合作的要求一般
监督与管理	一般不需要，甚至反感企业的监督与管理	需要企业的监督与管理
创新能力	创新能力较强	创新能力较弱
劳动成果	劳动成果难以衡量	劳动成果容易衡量
目标明确性	目标的明确性较强	目标的明确性较弱
流动意愿	流动意愿较强	流动意愿较弱
对工作成就的追求	对工作成就的追求较强	对工作成就的追求较弱
是否关注他人的认可	非常在意他人的认可	对他人的认可不太关注

三、"90后"知识型员工

本书所研究的"90后"知识型员工是指在1990~1999年出生的，拥有较高的学历水平和专业技术知识，在高新技术企业中从事专业技术或管理工作的群体。

四、激励

（一）激励的定义

激励是指持续激发人的动机的心理过程。通过实施有效的激励，可以使人的大脑受到某种内部或外部的有效刺激，从而始终维持在一种兴奋和积极的状态中，最大程度上实现人的工作积极性的提高。

（二）管理中的激励

从管理的角度来说，激励是指激发员工的工作动力，调动员工的工作积极性。企业管理者遵循激励产生效果的基本原理，通过制定符合员工心理和行为活动的激励手段和激励措施，可以使员工产生精神上的内驱力，在行为上更加积极主动地工作，管理者也达到了充分调动员工工作积极性、提高企业经济效益的目的。

激励要发挥作用需要借助于外力与内力的有效整合。从外力来看，激励需要借助外界推动力或吸引力的作用，也就是要借助企业管理者采取的一系列激励措施。从内力来看，激励措施的采用必须要通过员工自身的消化、吸收才能真正产生出一种内驱力，这种动力是内在变量，是员工的心理过程。也正是因为这一点，企业管理者采取的同样的激励措施对于不同的员工可能产生不一样的激励效果，有的员工的工作积极性得到了极大程度的提高，而有的员工的工作积极性可能没有发生变化。这就需要管理者在制定和实施激励措施时结合员工的个体特征进行具体的分析。

（三）激励的分类

激励按照不同的标准可划分为不同的方法，我们重点探讨外在激励与内在激励的区别。外在激励指企业通过改善员工的外在条件而给予员工的激励，如提高薪酬水平、改善工作环境等。内在激励指企业为员工提供有助于实现个人成长和个人发展方面的激励，如承认员工的工作成就、提升机会等。

（四）激励机制

激励机制是通过一套合理化的制度来反映激励主体与激励客体相互作用的方式。很多企业员工的工作积极性之所以不高主要是由于激励机制不合理。例如，一些企业因激励机制的欠缺使得知识型员工的流失时有发生，造成企业优秀人才的短缺和人才队伍的不稳定，严重影响了企业的长远发展。当前，激励机制不合理在企业中的负面影响随着企业的发展越来越凸显，造成了知识型员工消极怠工、高流动率、只重视短期绩效、忽视长期利益等消极现象。这些问题的解决需要企业管理者准确把握知识型员工的特点，充分了解知识经济时代下知识型员工的重要作用，认清对知识型员工进行激励的迫切性和必要性，从企业的现实情况和长远发展规划出发，制定系统完善的激励机制，把企业激励机制的建立和完善列入企业发展的战略规划，切实发挥激励机制在激发知识型员工工作积极性中的重要作用。

五、组织绩效

（一）绩效的定义

绩效从字面上来看就是"绩"与"效"的组合。"绩"是指业绩，主要包括两部分内容，即目标管理和职责要求。目标管理是为员工制定相应的目标，通过对目标的设置和分解，促使员工按照要求顺利达成目标。目标管理可以保证企业员工向着既定的目标方向前进，为员工行为提供正确的指导，促使员工为完成目标而努力奋斗。职责要求是指一个岗位所要求的员工必须履行的义务和应当承担的责任范围，通过职责要求可以对员工的日常工作做出具体的界定，使员工围绕岗位职业的要求完成既定的工作任务，便于员工明确岗位职责规定的权利和义务。当员工完成了岗位要求的日常工作任务时，才可以得到相应的工资。

绩效中的"效"就是效率、效果、态度、品行、行为、方法、方式。"效"包括纪律和品行两部分，纪律指企业的规章制度、规范等；品行强调员工的品德和业绩两个方面，只有业绩突出且品行优秀的人员才能算是企业的优秀人才，企业管理者在选拔任用人才时必须从品德和业绩两个方面加以全面考查，将优秀的人才安排在合适的工作岗位上，从而提升企业盈利水平。

（二）组织绩效

组织绩效要求管理者站在企业整体发展的角度对企业的业绩情况进行考量。组织中涉及众多的员工个体，对于企业管理者而言，所要关注的是组织中每一位员工的工作状态，结合员工特点制定相应的激励措施，充分发挥出每一位员工的工作积极性，为组织绩效的提升奠定坚实的基础。

第四节　国内外研究现状

一、"90后"知识型员工激励研究

（一）关于新生代员工特点的研究

新生代员工是极具中国特色和时代特征的新兴工作群体，国内文献大多将新生代员工定义为20世纪八九十年代后出生并已进入职场工作的群体。在高等教育改革、互联网普及、经济全球化、快节奏的社会背景下，新生代员工普遍具有较高的学历背景，接触知识和信息的渠道更为广泛，对社会的适应能力和对信息的处理能力普遍较强。新生代员工具有强烈的创新意识，勇于接受工作中的各种挑战，但同时他们的工作压力较大，工作满意度和忠诚度较低。新生代员工逐利性强，渴望自己的付出能够在短期内较快地获得回报，但同时在工作中缺乏耐心，他们不喜欢墨守成规、因循守旧、重复性强的工作。

新生代员工具有较强的信息化技术水平、综合性的专业技能、多任务处理能力、良好的自我认知能力，但特立独行，缺乏团队意识，不愿意与他人沟通，也不愿意倾听他人的建议。查阅相关研究文献发现，新生代员工具有鲜明的工作价值倾向，工作中追求高成就，注重自我驱动，目标坚定而明确；他们善于从工作中寻找到激发自己能动性的意义，愿意选择有价值的工作；他们的工作自主性和能动性较强。

（二）关于新生代员工的激励策略

所谓新生代员工指的是"80后"和"90后"这两个年龄群体的员工，研究者大多是将这两个年龄段的员工放在一起进行研究，没有进行细致的区分。韩振燕和方焕廷（2007）指出，企业在设计新生代员工的激励措施时，要结合其心理特征和个性特点制定差别化的激励措施，并强调了薪酬激励、领导的信任和认可、培训进修、职业发展等激励措施在提高新生代员工工作积极性方面的重要作用。梁镇等（2007）认为，企业的晋升、进修培训、放权程度、薪酬待遇条件等因素会对新生代员工创新能力的发挥产生重要影响，企业在设计激励制度时应充分考虑到这些因素，以提高新生代员工的自主性和创造性。

陆远权等（2013）强调了工作需求对新生代员工激励的重要作用，认为要增强新生代员工在工作中的投入度，需要结合其工作需求进行差别化的工作任务安排，如差别化的薪酬待遇水平、更具针对性的职业培训项目等。马俊生（2016）的研究成果指出，职业发展、工资待遇、任务难度、管理层素养等因素的改善可以充分提高新生代员工的工作投入度，并发挥出这些因素在激励中的主导作用。赵喜霞和庄莉婉（2019）指出，新生代员工在工作中尤其关注职业发展、工作条件、工作满足感、经济报酬四个维度，企业应该从这四个维度出发，设计灵活多样的福利计划，制定系统科学的薪酬体系，营造轻松愉悦的工作环境和工作氛围，制定弹性的工作制度，以提高对新生代员工的激励作用。

（三）关于新生代知识型员工的激励策略

姜薇薇等（2014）强调，新生代知识型员工有其特有的性格特点，他们对工作满意度、职业认同感、民主管理的工作氛围等方面尤为看重，企业要想达到良好的激励效果，需要以新生代知识型员工的性格特点为着眼点，设计与其性格特点相符合的激励体系。石冠峰和韩宏稳（2014）指出，新生代知识型员工作为一个特殊的群体，激励策略的制定要建立在对其群体特征充分了解的基础之上，企业管理层要充分考虑到该群体的个人成长能否实现，薪酬福利待遇是否满足，工作是否具有挑战性，企业是否具有良好的发展前景，领导素质的直接影响等这些激励因素，以体现出与老一代知识型员工激励的差异性，并特别强调了高素质的领导者会对新生代知识型员工工作积极性的发挥产生非常重要的作用。赵峰和甘亚雯（2017）通过对高新技术企业进行实证分析，较为系统地总结出了新生代知识型员工的激励因素，它们分别是薪资待遇、工作中的奖励、个人成长可能性、职业发展机会、充满挑战性的工作、企业未来发展前途、稳定且有一定保障的工作。

彭雨（2018）认为，影响新生代知识型员工的激励因素分别是薪酬待遇、公平性、工作稳定、奖金福利、职业发展与进步、工作充满挑战性且从中获得成就感。他将薪酬待遇放在激励因素的首位，认为薪酬待遇水平是其他激励因素的基础，只有在薪酬待遇获得满足的前提下，员工才会努力工作，并逐渐关注成长发展、工作挑战性等其他方面。王立君等（2019）认为，要将"全面薪酬战略"

引入对新生代知识型员工的激励中，提出企业要从专业的讲座培训、和谐的工作气氛和良好的企业凝聚力等"内在"方面及薪资待遇、期权股票等"外在"方面优化企业的薪酬制度体系。刘琢和李冰（2019）认为，新生代知识型员工包括高层、中层和基层三种类型，应该结合这三种类型的特点建立合适的激励制度和激励模式。

（四）关于"90后"知识型员工的激励策略

在国外，"90后"被称为"Y一代"，主要是指1980~1995年出生的人群，国外关于这一年龄段群体的相关研究并不多，已有研究成果主要体现在对该群体的群体特征及他们在职场上对工作的要求方面。例如，Bradley Jorgensen（2003）指出，由于所处的时代背景不同，"Y一代"这一群体更加开放、独立、自主。他们在工作中关注自我，不愿意接受领导强制性的工作安排；他们在工作中积极热情，追求高品质的生活，不愿意加班加点；关注自己专业能力的提升，对除此之外的一些事情不太关注。Zemke（2000）和Smola（2002）也分别提出，"Y一代"的特征是更加寻求在工作和生活中实现平衡，对企业的忠诚度明显降低，员工流动率相对较高。Broadbridge（2007）指出，与其他年龄层次的员工相比，"Y一代"更加关注职业上的成功，他们喜欢具有挑战性的工作，在工作中能够自我管理，不喜欢拘束在企业条条框框的规章制度下。Kowk（2012）指出，"Y一代"学习能力较强，会主动学习一些新知识，不断提高工作技能，他们注重职业发展前景，渴望成功。

国内学者对"90后"知识型员工这一群体的激励方法和激励策略较为关注，取得了较为丰富的研究成果。苏华和张宁（2008）认为，在对"90后"知识型员工进行激励时，应该将成就激励摆在更加突出的位置。这主要是因为这一群体的学习能力强、综合素质高、善于创新、追求发展，他们工作的目的不仅是赚取工资，更重要的是通过职业发展实现自己的理想和抱负。郑雪艳（2010）认为，"90后"知识型员工对工作所带来的新鲜感和挑战性更为关注，因此可以采取岗位轮换、工作扩大化等方式，避免他们产生职业倦怠，保持工作激情，充分激发他们的创新能力。宋超和陈建成（2011）指出，"90后"知识型员工除了关注薪酬外，对弹性工作时间尤为看重，他们希望能够自我管理，渴望得到领导的信任和认可，因此企业在设计激励机制时可以考虑将弹性工作制引入激励体系中。冉宁和宋长胜（2012）研究指出，要对"90后"知识型员工采取柔性管理的方式，营造公平公正的工作环境和工作氛围，要适时地对他们进行肯定和表扬，为他们进行职业规划和职业指导，使他们树立良好的职业发展愿景。

郑宇轩和陆光在对"90后"知识型员工进行研究时发现，这一群体非常注重内心世界的愉悦感，他们喜欢和具有共同价值观的人一起工作、共同进步。他们讨厌规章制度，喜欢轻松愉快的工作环境，在工作中通常以自己的兴趣爱好为第一出发点。因此，企业管理者要关注"90后"知识型员工的内心世界，这样所制定的激励政策才能真正符合他们的内心需求。周文杰和王伟（2013）提出，很多"90后"知识型员工家庭条件很好，"赚钱"已经不是他们工作的第一要务，管理者应该拓宽管理思路，大胆起用新人，让有能力的"90后"有机会参与到企业的管理中，提高他们的主人翁意识，这样做会得到比单纯提高工资更好的激励效果。吕际荣（2019）强调了企业的人才培训制度对"90后"知识型员工激励的重要作用，认为企业应该增加人力资本投入，设计科学合理的人才培训制度，使"90后"知识型员工拥有更多的锻炼机会，以不断提高其技能水平和从业能力。

由上述文献综述可知，在对"90后"知识型员工进行研究时，研究者关注的主要是其群体特征，并结合该群体的心理特征和心理需求提出了一般性的激励方法，并未深入研究针对该群体的系统完善的激励体系和激励机制，这也是后续研究需要进一步完善的地方。

二、激励与绩效关系研究

（一）激励与组织绩效的关系研究

国外对激励与组织绩效关系的相关文献资料并不多见。Edwards 等（2007）研究发现，对人才实施有效的激励对提升组织绩效具有明显的促进作用。同时，他们还指出，员工在工作中注重灵活性和多样性，注重获得个人满足感的提升，注重工作环境的安全性。企业在设计激励体系时应考虑这些因素，可以极大地提高员工的工作积极性，进而提高公司的盈利能力。

2000年以后，中国很多学者逐渐认识到对员工进行激励不仅可以充分激发其工作积极性，提高员工的个人绩效，而且还会促进组织绩效的提升。学者们围绕这一方面展开研究，取得了较为丰硕的研究成果。李红浪等（2005）针对银行人员展开研究，得出了五种因素会对业务人员和银行的绩效产生不同程度的影响。张正堂（2008）以沪深两市上市公司的管理层为研究对象，对其进行了薪酬方面的实证研究，得出上市公司管理层之间的薪酬差距普遍存在一定程度的滞后性，薪酬差距的存在会对公司未来绩效产生不同程度的影响。陈国权和周为（2009）研究了员工行为、学习能力、组织领导三个层面的变量对组织绩效所产生的不同程度的影响。

张会（2013）研究发现，股权激励的效果具有短期性的特点，股权激励对上市公司绩效的持续提升并没有起到明显的作用。钟梅（2016）主要研究了非物质激励对提升组织绩效的作用，指出工作绩效存在态度绩效、行为绩效、结果绩效三个方面。如果员工在工作中能够获得职业幸福感，那么工作绩效的三个维度都会发生变化。就变化的程度而言，态度绩效的变化程度最大，其次是行为绩效，影响程度最小的是结果绩效。该研究还指出，对于科技工作者而言，工作激励、个人激励对结果绩效、行为绩效、态度绩效有明显的正向促进作用。

（二）激励与创新绩效的关系研究

近几年，越来越多的学者关注激励与创新绩效之间的关系。Faiz 和 Rebecca（2014）认为，就研发人员而言，学习型的组织氛围更有利于其创新意识的培养和创新性思维的养成，组织的共享知识氛围可以为研发人员提供互相沟通和交流的平台，促进组织创新绩效的提升。Li 和 Huang（2014）通过对 209 位研发人才进行调查后发现，在影响研发人才创新绩效提高的因素中，心理授权具有非常重要的作用，特别是内部心理授权会对创新绩效的提升产生更为积极的影响。

国内学者也进行了相关研究，取得了一定的研究成果。王子宽等（2009）认为，要提高企业持续创新能力和市场竞争力，实施恰当的激励策略是一种非常有效的途径，通过激励可以深入激发员工的创新潜力，激发其创新热情，最终提高企业的创新绩效。朱伟民（2009）对 83 家科技型企业进行了深入调研，通过数据分析证实了人力资本激励对企业的知识创造能力和整体创新能力具有重要影响。他指出通过完善人力资源管理制度，对人力资本实施有效激励，可以有效促进企业创新绩效的提升。吴邦正和李芳（2013）选取了中关村科技园区的部分高科技企业进行研究，重点分析了知识型员工的激励与高科技企业创新绩效之间的关系。该研究发现，企业采取合适的奖赏策略，可以提高知识型员工的主动参与意识，激发他们的创新潜能，进而提升企业的整体创新能力。

第五节　研究目的

（1）完善关于"90后"知识型员工激励的理论框架。通过前面关于"90后"知识型员工激励、激励与绩效关系的文献综述可以看出，中国学者对知识型员工激励问题的相关研究起步较晚，虽然2000年以后涌现出了不少研究成果，但是大多数研究都是结合知识型员工的群体特征从政策层面提出了一些激发其工作动力、提高其工作积极性的相关措施，对于知识型员工的相关研究尚未形成系统完善的理论框架。关于"90后"知识型员工激励的理论研究主要集中在关于新生代员工的特点，企业对于新生代员工的激励策略，以及对于"90后"知识型员工的激励策略这几个方面，这些理论没有考虑到"90后"知识型员工在不同行业领域面对激励措施所表现出的差异性。

目前关于激励与组织绩效的相关理论研究内容很少，主要集中在激励与组织绩效的关系研究、激励与创新绩效的关系研究两个方面，对于员工激励对组织绩效影响的程度及不同激励因素对组织绩效产生不同影响的相关研究成果鲜有。本书考虑到不同行业、不同领域激励问题的差异性，目的在于系统地研究关于"90后"知识型员工的激励问题，探寻"90后"知识型员工激励与组织绩效之间的密切关系。

（2）提取高新技术企业"90后"知识型员工的激励要素，构建激励模型。与其他年龄层次的知识型员工相比，"90后"知识型员工有其自身特殊的需求。研究发现，"90后"知识型员工追求创新、渴望被认可、勇于挑战、追求事业上的成功。这些特殊的需求为研究者相关研究的开展提供了基本的参考，企业管理者在对知识型员工进行激励时也必须要以该群体的需求为基本出发点，在此基础上提取出科学合理的激励要素。

本书通过对数据的统计分析，提取出高新技术企业"90后"知识型员工激励的有关要素，并构建激励模型。该模型的构建，有助于研究者更好地把握影响高新技术企业"90后"知识型员工的主要激励因素，了解员工激励对组织绩效产生的作用及中介机制。该模型有助于企业管理者制定有效的激励政策，有利于从模型的各个变量出发探寻激励因素对组织绩效产生作用的过程和程度。

（3）提出高新技术企业"90后"知识型员工激励的有关对策。本书在提出"90后"知识型员工激励各要素对组织绩效影响的相关假设、中介变量的相关假设、调节变量的相关假设基础上，实证分析"90后"知识型员工激励的各因素对组织绩效所产生的具体影响，厘清中介变量、调节变量在各激励因素对组织绩效产生影响过程中的中介、调节作用，并在此基础上提出激励高新技术企业"90后"知识型员工的有关对策。

"90后"知识型员工激励对策的提出能为高新技术企业管理层提供决策参考，使管理者制定的激励对策更具有针对性、实用性，从而大大提高"90后"知识型员工的工作积极性，进而实现组织绩效的提升。

第六节　研究创新点

关于知识型员工激励问题的研究，国内外已经取得了一系列的研究成果，与其他相关研究相比，本书以高新技术企业"90后"知识型员工激励及其对组织绩效的影响为研究内容，其创新点主要体现在三个方面。

一、研究对象的创新

本书将研究对象定义为高新技术企业"90后"知识型员工，其创新性主要体现在：一是以往研究文献中对行业（如高新技术企业、服务业、制造业等）进行区分的较少。多数研究只是泛泛地研究知识型员工激励，并没有结合不同行业知识型员工的特点展开更为具体的分析。二是以往研究对知识型员工的年龄（如"90后""80后""70后"等）区分不够细致。"70后""80后""90后"知识型员工的成长年代、成长环境、个性特点、家庭观念不同，其激励需求必然存在差异。例如，"70后"知识型员工可能更加追求事业的稳定，"80后"知识型员工可能更加关注事业与家庭的平衡，"90后"知识型员工更喜欢挑战和创新。

本书选取高新技术企业"90后"知识型员工这一特定的研究对象进行研究，

提高了研究成果的实用性、针对性、可操作性，更有利于高新技术企业管理者制定切实有效的激励政策。

二、研究方法的创新

现有关于"90后"知识型员工激励的文献中，通过对数据的统计分析得出研究结论的很少。多数研究还是以理论分析为主，通过借鉴激励理论为企业激励员工提出一些对策建议，这样的研究成果由于缺乏数据的支撑难免空洞，缺乏说服力，对企业管理者如何有效开展和实施员工激励工作的借鉴意义不大。

为了获取真实的数据资料，研究者对山东省多家高新技术企业进行了实地调研，通过发放调查问卷获取"90后"知识型员工激励方面的有关数据。提取出高新技术企业"90后"知识型员工激励的五大因素，分别为物质基础、职业发展、人际关系、制度支撑、环境支持，并以此为基础构建了高新技术企业"90后"知识型员工激励模型。在调研过程中，研究者通过与高新技术企业管理者及"90后"知识型员工进行访谈，获取了详细的访谈案例资料，这些访谈案例与数据分析相结合，能为企业管理者制定有针对性的激励措施提供参考依据。

三、理论研究的创新

激励问题关乎员工工作积极性的提高和企业经济效益的提升。长期以来，国内外研究学者关于员工激励方面展开了系统的研究，也取得了丰富的研究成果。通过文献综述发现，已有相关理论研究还存在一些问题，其中很重要的一点就是研究者较多关注的是激励的过程是什么，在什么情况下采取哪些激励措施才能充分激发员工的工作动力。已有研究中对激励结果进行研究的文献资料不多，也就是学者们对激励措施实施后对员工个人绩效及组织绩效产生了什么影响的关注度不够。

本书重点分析了物质基础、职业发展、人际关系、制度支撑、环境支持五种不同的激励要素对组织绩效的影响和贡献程度。本书研究成果更加关注激励产生的效果，将研究落脚到激励因素对组织绩效的提升上，拓宽了关于激励问题的理论研究，在关于激励理论问题的研究上实现了一定程度的创新。

第七节　研究方法

　　研究方法是研究者进行研究时为了达到研究目的所采取的一些科学有效的方式和手段，研究者为了更好地分析企业对"90后"知识型员工的激励现状及存在的主要问题，深入研究激励对组织绩效产生的重要影响，在研究中采用了访谈法、问卷调查法、统计分析法。

一、访谈法

　　访谈法可以使研究者获取客观真实的案例资料，研究者在进行访谈前设置了详细的访谈纲要，包括关于高新技术企业管理者的访谈纲要和关于高新技术企业"90后"知识型员工的访谈纲要两部分。为了确保访谈效果，减轻访谈对象的思想顾虑，研究者在访谈开始前对访谈的目的、访谈的意义、访谈的过程、访谈资料的使用进行了详细说明，并告知访谈对象此次访谈的成果主要是用于科学研究，一定会做好访谈资料的保密工作，绝对不会泄露访谈对象的个人信息和访谈内容。

　　在运用访谈法时，研究者深入高新技术企业进行调研，对部分企业的管理层和"90后"知识型员工按照访谈纲要的问题进行详细的访谈，并做好详细记录。对于访谈法的运用，一方面使研究者获取了较为丰富和典型的访谈案例，使读者通过阅读典型案例产生共鸣；另一方面通过访谈，研究者能够对高新技术企业"90后"知识型员工的激励状况进行初步的梳理，了解当前存在哪些需要解决的激励问题。通过对访谈资料的整理、汇总、分析，可以为高新技术企业"90后"知识型员工激励状况调查问卷的最终形成奠定良好的基础，便于研究者设置更加科学合理的调查问卷。

　　在访谈过程中，针对不同的访谈对象运用了不同的访谈方法。对"90后"知识型员工采用的是小组访谈的方法，每个访谈小组的人员数量为6~8人。这主要是因为员工的人数多，小组访谈可以节省访谈时间，提高访谈效率。小组访谈的分组主要依据"90后"知识型员工的部门进行，人数达不到要求时再按照性别、年龄、工作年限等个体特征进行适当调整。在小组访谈时，研究者采取恰当提问、鼓励发言、适时追问、总结补充等方法调动访谈气氛，以便在有限的访谈时间内获取到更多的访谈资料。对高新技术企业管理者采用的是个别访谈的方法，采用这种方法的原因是管理者的人数少，并且该方法更加灵活，访谈的保密性也更强。在访谈时，研究者采取积极倾听、适当引导、认真记录的方式，使访谈对象能够毫无顾忌地对访谈问题进行深入剖析，以便研究者获取更加全面的访谈资料。

二、问卷调查法

问卷调查法在收集一手数据方面是一种非常有效的途径，问卷调查法具有易于操作、不受时空限制、便于统计处理与分析等优点。问卷调查法可以客观真实地反映出"90后"知识型员工对激励问题的看法，分析激励问题的变化趋势。研究者编制了高新技术企业"90后"知识型员工激励状况调查问卷，通过多种渠道收集样本数据，为后续数据分析和实证研究的顺利开展奠定了基础。

为确保问卷调查法获取的数据资料的可靠性和有效性，设置科学合理的调查问卷是至关重要的。为了做到这一点，研究者在问卷调查法开展之前，先以前期文献资料的梳理分析及关于高新技术企业管理者和"90后"知识型员工的访谈资料作为基础制定调查问卷的大概框架。通过征求专家的意见，分类设置题项，从"物质基础"有关题项、"职业发展"有关题项、"人际关系"有关题项、"制度支撑"有关题项、"环境支持"有关题项、中介变量"员工敬业度"相关题项、调节变量"工作能力"相关题项、调节变量"组织战略"相关题项、因变量"组织绩效"相关题项等方面设计出初步的问卷调查表。

在调查问卷题项的设置中严格按照严谨、科学、合理的原则，对于一些不能确定的题项进行了反复的修改和完善。在经过了严格的程序和多次的修改后形成了最终的调查问卷，使调查问卷的有效性得到了保障。

三、统计分析法

统计分析法是认识和揭示研究对象间的相互关系、变化规律和发展趋势，从而达到对研究对象正确解释和预测的一种研究方法。统计分析法是一种比较准确、客观的研究分析方法，在实践中应用范围非常广泛。一般来说，在研究的过程中只要有调查数据就会用到统计分析方法。通过统计分析法可以对调研过程中所获得的调查数据进行系统的整理、分析和解释，在此基础上得出研究结论，作为政策制定的参考依据。

本书在关于高新技术企业"90后"知识型员工激励及其对组织绩效的影响研究中广泛地运用了统计分析法，对于调查问卷回收的有效数据运用因子分析，提取出"90后"知识型员工激励的主要要素；运用单因素方差分析法，分析性别、年龄、学历层次、工作岗位、工作年限、婚姻状况、薪酬水平等个体特征对激励因素产生的不同影响；运用相关分析法，分析了物质基础、职业发展、人际关系、制度支撑、环境支持、员工敬业度、工作能力、组织战略、组织绩效这些变量之间的相关关系，并对变量间的中介作用、调节作用等进行统计分析。

第八节　研究内容

本书的研究内容主要包括理论研究、现状分析、激励要素的提取和模型构建、实证研究、对策提出。

一、激励理论研究

理论研究是实证研究的重要基础，实证研究工作的顺利开展需要建立在系统完善的理论分析框架之上。本书通过梳理激励理论的相关发展脉络，厘清激励理论的基本发展体系和基本理论框架，为后续相关研究的开展奠定了理论基础。

在理论研究部分，研究者紧紧围绕高新技术企业、"90后"知识型员工、组织绩效这些研究重点，对激励过程、激励理论、"90后"知识型员工激励、激励与绩效的关系等方面的国内外研究现状进行了系统的总结分析。

二、高新技术企业"90后"知识型员工激励的现状分析

在理论研究的基础上，本书对高新技术企业的特征及"90后"知识型员工的特征进行了归纳总结。主要目的是让读者更为清晰地认识到与其他类型的企业相比，高新技术企业具有哪些特征；与其他年龄层次的知识型员工相比，"90

后"知识型员工有哪些独有的特点。以便于企业管理者在制定激励对策时能够从企业的特性和员工的特点出发，提高激励效果。

在该部分，研究者重点分析了高新技术企业在"90后"知识型员工激励中存在的主要问题，包括激励体系不完善、激励机制不合理、缺乏系统完善的培训体系、物质激励没效果、重物质激励轻精神激励、激励方式组合不合理、领导者对"90后"知识型员工的信任不足、"90后"知识型员工的职业发展空间受限、部分高新技术企业管理方式陈旧等方面。这部分内容便于读者从不同方面了解当前高新技术企业激励中哪些问题严重影响了"90后"知识型员工的工作积极性，这些也是高新技术企业管理者在经营管理中亟须解决的问题。

研究者还重点分析了导致高新技术企业在"90后"知识型员工激励中存在问题的主要原因，包括激励制度的制定脱离员工需求、企业管理者缺乏正确的经营理念、对"90后"知识型员工的绩效考核不合理、团队缺乏凝聚力、企业内部缺乏畅通高效的沟通机制、"90后"知识型员工自身的原因、企业战略规划的缺失、企业有形资源的缺乏、企业对外部环境的分析不到位等方面。这部分的分析便于读者从总体上初步了解当前高新技术企业"90后"知识型员工工作积极性不高、工作绩效下降、员工流失的主要原因，为后续实证研究的开展奠定了基础。

三、高新技术企业"90后"知识型员工激励要素的提取和模型构建

通过因子分析，研究者提取出了物质基础、职业晋升机会、培训学习机会、领导认可与信任、同事关系、制度规定、管理流程、信息沟通环境、工作条件、企业文化十个高新技术企业"90后"知识型员工激励的主因子。在此基础上，构建了以物质基础、职业发展、人际关系、制度支撑、环境支持五大激励要素为基础，以员工敬业度为中介变量，以工作能力和组织战略为调节变量的高新技术企业"90后"知识型员工激励模型。

四、高新技术企业"90后"知识型员工激励对组织绩效影响的实证研究

在理论分析的基础上提出本书的研究假设，包括高新技术企业"90后"知识型员工激励各要素（物质基础、职业发展、人际关系、制度支撑、环境支持）对组织绩效影响的相关假设、中介变量的相关研究假设、调节变量的相关研究假

设。在具体的研究过程中，研究者对激励要素（物质基础、职业发展、人际关系、制度支撑、环境支持）与组织绩效之间的关系进行了实证检验，并对员工敬业度的中介作用及工作能力、组织战略的调节作用进行了实证检验。

五、高新技术企业"90后"知识型员工激励对策的提出

根据实证结果，提出将"90后"知识型员工安排在合适的工作岗位上、注重对"90后"知识型员工的培训、加大对"90后"知识型员工的物质激励、注重对"90后"知识型员工的绩效考评、注重"90后"知识型员工的职业生涯管理、注重与"90后"知识型员工的交流沟通、对"90后"知识型员工正确授权等对策。

第九节　本章小结

第一，"90后"知识型员工是知识型员工中的一个特殊年龄群体，是企业中最鲜活、最具生命力的群体，他们具有素质较高、追求自我、喜欢挑战、渴望认可、富有创新力、自我实现愿望强烈等优点。研究发现，目前高新技术企业对"90后"知识型员工的激励问题还没有引起管理者足够的重视，大部分高新技术企业缺乏专门针对"90后"知识型员工的激励策略和激励机制，这导致企业中有技术、有能力的"90后"知识型员工忠诚度降低、人才流失严重，阻碍了高新技术企业的长远发展。

第二，通过对研究背景和研究意义的论述，可以发现高新技术企业"90后"知识型员工激励及其对组织绩效的影响这一选题符合时代发展的大背景。对"90后"知识型员工激励及其对组织绩效的影响问题进行研究，有利于使激励理论更好地与企业激励员工的实践相结合，使激励理论研究体系更加系统化、清晰化。本书研究落脚到激励对组织绩效的提升及如何促进组织发展上，拓宽了激励问题的研究视角。研究者采取实地调查、数据统计分析的方法，弥补了以往激励研究方法中的不足之处。本书的研究成果有助于高新技术企业留住优秀的"90后"知识型员工，促进高新技术企业的长远发展。

第三，本章对高新技术企业、知识型员工、"90后"知识型员工、激励、组织绩效等有关概念进行了界定，对国内外激励方面的研究现状进行了系统完善的文献综述。通过文献综述不但可以对相关研究成果进行归纳总结，还能发现以往研究中存在的不足之处，进而找出本书研究的出发点。另外，本章还对研究目的、研究创新点、研究方法及研究内容进行了详细说明，使读者对本书研究的开展有了初步的了解。

第二章　理论基础

第一节　内容型激励理论

一、马斯洛的需求层次理论

马斯洛主张人是有需求的动物，人们的行为是受需求引导的。根据需求的发展，人的需求会逐渐地由低层次需求向高层次需求转变，那些不能被满足的需求就成为激励员工行为的出发点。马斯洛区分了两类基本的需求：缺失需求和成长需求。缺失需求包括三种，即生理需求、安全需求、归属需求；成长需求包括两种，即尊重需求、自我实现需求。

需求层次理论对高新技术企业激励"90后"知识型员工具有重要的启示，我们可以从以下三个方面进行分析：

第一，应满足"90后"知识型员工的物质需求。只有物质需求满足了，人才能产生更高一级的需求，物质需求在人的需求层次中处于最根本的地位，是其他需求产生的重要基础。因此，高新技术企业必须首先满足"90后"知识型员工的物质需求，只有满足了物质需求，才能稳定人心，使"90后"知识型员工在工作岗位上安心工作，这是提高其工作积极性的前提和基础。

第二，由于"90后"知识型员工的自身特点，他们追求上进、有较强的工作主动性和自主性、喜欢有挑战性的工作。这些特点反映出"90后"知识型员工对精神需求的偏好较强，然而在对"90后"知识型员工进行激励时，相对于物质需求，精神需求往往被高新技术企业所忽视。因此，高新技术企业管理者必须转变观念，要把满足"90后"知识型员工的精神需求放在重要位置，提高他们的工作满意度和成就感。

第三，高新技术企业在激励"90后"知识型员工的过程中不能一成不变，必须要用动态的、发展的眼光制定科学有效的激励政策。要密切关注"90后"知识型员工需求的变化，分析企业内外部环境变化对"90后"知识型员工需求所产生的影响，结合"90后"知识型员工的年龄、工作岗位、工作年限、收入水平及所处的职业发展阶段，采取灵活多样的激励方式。

二、奥尔德弗的存在—关系—成长理论

奥尔德弗提出了存在（Existence）—关系（Relatedness）—成长（Growth）理论，即 ERG 理论。该理论认为人的需要可以分为三种类型，分别是存在需要、关系需要、成长需要。存在需要是指与人们的基本生存有关的需要，关系需要是指与人际关系有关的需要，成长需要是指与人们的自身发展有关的需要。

ERG 理论对高新技术企业激励"90后"知识型员工的启示体现在以下四个方面：

第一，应满足"90后"知识型员工的存在需要。存在需要是指和人类的存在有关的需要，是"90后"知识型员工最基础、最根本的需要。只有满足"90后"知识型员工的存在需要，才能使其在工作中没有后顾之忧，才能使其把主要精力放在提高工作效率、追求工作质量上。如果"90后"知识型员工基本的物质需要没有得到满足，他们就会感觉自己的生活不稳定，甚至感到自卑、敏感、压抑，就体会不到工作本身的价值和意义。因此，高新技术企业在对"90后"知识型员工激励的过程中，应通过较高的薪酬福利待遇、较高的奖金水平等措施满足"90后"知识型员工基本的存在需要，为提高"90后"知识型员工的工作积极性奠定良好的物质基础。

第二，应关注"90后"知识型员工的关系需要。高新技术企业的管理者在满足"90后"知识型员工存在需要的基础上，还要关注他们的关系需要。关系需要是指在工作场所中的人际关系需要，每个人都不可能脱离群体而单独存在，"90后"知识型员工工作的顺利开展离不开领导和同事的支持和帮助，良好的人

际关系环境会大大降低员工的精神内耗，使"90后"知识型员工心情舒畅、精神愉悦、乐观积极。因此，高新技术企业管理者在制定"90后"知识型员工的激励措施时，必须要注重营造良好的人际关系环境和团队工作氛围，使"90后"知识型员工能够获得他人的尊重和支持。

第三，应关注"90后"知识型员工的成长需要。成长需要是指实现员工个人成长发展的需要。"90后"知识型员工掌握先进的知识和技术，他们正处于事业发展的上升时期，对个人成长发展有着强烈的需求。高新技术企业管理者必须关注"90后"知识型员工的成长需要，为其提供良好的职业发展空间，注重企业内部员工的梯队建设，使有能力的"90后"知识型员工能够得到提拔和晋升的机会。满足"90后"知识型员工的成长需要在一定程度上比满足他们的物质需要更为重要，更能从根本上激发其工作动力，也更有利于"90后"知识型员工个人绩效和组织绩效的提升。

第四，应关注"90后"知识型员工所处的需要层级。人的低层次需要在得到满足后，便会产生更高一级的需要。"90后"知识型员工所处的需要等级不同，对激励的需求必然不同。因此，作为高新技术企业管理者，必须关注"90后"知识型员工所处的需要层级，制定与"90后"知识型员工需要层级相对应的激励政策。这样不仅可以有效节约激励成本，使激励效果达到最佳，还会避免因满足不了"90后"知识型员工的需要而导致其需要层级下降的情况。

三、赫茨伯格的双因素理论

双因素理论是由赫茨伯格于20世纪50年代后期提出来的，该理论认为人的工作积极性受到"保健因素"和"激励因素"两类因素的影响。"保健因素"是指规章制度、人际关系、工资水平、工作条件等因素，当"保健因素"得到满足时，不会使员工产生不满意，但也不会使员工在工作中具有较强的工作积极性。"激励因素"是指员工在工作中的成就感、领导认可、个人发展等因素，当"激励因素"得到满足时，会极大地提高员工在工作中的积极性。

双因素理论对高新技术企业激励"90后"知识型员工的启示有以下三点：

第一，高新技术企业在对"90后"知识型员工激励时，必须注重发挥"激励因素"的重要作用。企业管理者必须关注"90后"知识型员工的内在精神需求，寻找激发其工作积极性的内在因素，采取提拔晋升、勇于授权、参与激励、期望激励等方式，增强"90后"知识型员工的自我认同感，使其在工作中能够收获乐趣和幸福感，感受到自己在工作中的重要性，提高其工作热情和工作投入度。

第二，在对"90后"知识型员工进行激励时，不可忽视"保健因素"的重要作用。在提高员工工作积极性方面，虽然"保健因素"没有"激励因素"的效果明显，但也是不可忽视的一种重要因素。"保健因素"的缺失会使"90后"知识型员工缺乏安全感和归属感，造成其对工作的不满意，影响工作效率的提升。因此，高新技术企业管理者应采取各种措施，使"保健因素"的效果得以最大限度地发挥。例如，建立完善的企业规章制度，营造和谐的人际关系环境，不断提高"90后"知识型员工的工资待遇，为"90后"知识型员工提供良好的工作条件。

第三，"激励因素"和"保健因素"作为两种不同的激励因素，其关注的侧重点虽然有所不同，但对企业管理者在制定激励措施的参考方面具有同等重要的作用。在对"90后"知识型员工的激励中，高新技术企业管理者应认识到任何一种因素的缺失都会导致激励效果降低，只有使两者相互协调才能使激励效果最佳。

四、麦克利兰的成就需要理论

美国心理学家麦克利兰于20世纪60年代提出了成就需要理论，该理论认为人有三种需要，分别是成就需要、权力需要和归属需要。成就需要是指人都有追求成就的内在需求；权力需要是指人们对权力具有执着的追求，希望他人听从自己的命令和指挥；归属需要是指人们渴望在一个群体中获得归属感，这种归属感能够给人以安全感，可形成群体凝聚力。

成就需要理论对高新技术企业激励"90后"知识型员工的启示主要体现在以下三个方面：

第一，重视高层次人才的权力需求。权力需要是一种想要控制他人、影响他人的需要。一般而言，高层次人才对权力的需求相对较高，他们希望通过权力和个人的影响力对他人产生影响，进而达成组织目标。在高新技术企业中，那些掌握先进知识技术、具有较强工作能力的"90后"知识型员工就属于企业高层次人才。这部分"90后"知识型员工往往具有强烈的权力需求，希望在团队中占据主导地位，能够凭借自己的权力和工作能力影响他人，使团队成员在自己的领导下取得优异的成绩。

第二，归属需要体现了人的社会属性，人们渴望得到他人的认同和尊重，渴望引起他人的重视，不甘被孤立或疏离。针对"90后"知识型员工的这一属性，高新技术企业管理者应为"90后"知识型员工营造一种"家"的氛围，使他们在工作中避免不必要的压力和内耗。通过营造良好的团队氛围使"90后"知识型员工产生强烈的团队凝聚力，通过合理的工作分工使他们各司其职，在工作中相互协作、共同成长，凭借自己专业的技术知识和在团队中的重要地位发挥"领头羊"的作用，获得同事们的认可和尊重。

第三，高成就需要的人具有事业心强、勇于进取、重成就、轻金钱、爱风险等特点，高新技术企业所拥有的高成就需要的"90后"知识型员工越多，则对组织绩效的提高和企业发展的推动作用越大。因此，高新技术企业管理者要更加关注"90后"知识型员工的成就需要，并采取目标激励、晋升激励等各种激励措施满足其成就需要，使"90后"知识型员工实现事业成功和个人发展的同时促进高新技术企业的长远发展。

第二节　过程型激励理论

一、弗鲁姆的期望理论

期望理论是由美国心理学家维克托·弗鲁姆（Victor Vroom）于1964年提出的。该理论认为激励能否发挥最佳效果与人们的期望密切相关，在工作过程中，人们的期望值越高，在工作中投入的就越多，就越容易取得工作绩效。如果人们内心的期望值降低，其在工作中就会缺乏内驱力，工作绩效自然就会随之降低。

期望理论对高新技术企业激励"90后"知识型员工具有重要意义，其启示性主要体现在以下三个方面：

第一，企业在设置工作绩效标准时必须适当。工作绩效标准是"90后"知识型员工工作行为和工作成果的衡量标准，是企业对其进行绩效考核的参考依据。绩效标准的制定必须基于"90后"知识型员工所从事的具体工作，必须经过"90后"知识型员工的个人努力才能达到，必须为"90后"知识型员工所熟知，要尽可能具体且可以被衡量。

第二，高新技术企业管理者不仅要为"90后"知识型员工设置工作绩效标准，还要结合"90后"知识型员工工作绩效的完成情况给予相应的工作报酬。管理者应结合"90后"知识型员工的工作绩效完成情况给予其相应的工作回报，这样"90后"知识型员工才会感受到企业的公平公正，才会把主要精力放在提高工作绩效上，对企业发展做出贡献。

第三，高新技术企业要想建立良好的激励效果评价机制，就需要把握"90后"知识型员工对不同激励方式的适应性，观察不同的激励方式对提高"90后"知识型员工工作积极性方面所产生的作用，并根据具体情况加以调整，这样才能使激励效果达到最佳。

二、亚当斯的公平理论

美国心理学家亚当斯（J. Stacey Adams）于1965年提出公平理论。公平理论认为员工会将自己所获得的报酬和他人进行横向和纵向的对比，员工只有在对比中获得满足感后才会更加努力地工作。

公平理论对高新技术企业激励"90后"知识型员工的启示体现在以下三个方面：

第一，公平受到时间、地点及实际操作情况的影响，因此没有绝对的公平存在，公平是相对的。员工在工作中会不自觉地和其他同事做比较，并期望从这种比较中得到公平的结论。"90后"知识型员工对于公平有明确的认知，他们具有较强的判断力和评价力，对于企业是否做到公平能够做出较为准确的判断。高新技术企业应使"90后"知识型员工准确了解企业的实际情况，特别是员工的薪酬水平和福利待遇情况，使"90后"知识型员工能够通过正规途径对自己的薪酬水平做出正确的衡量和评价，感受到公平感。

第二，由于公平本身是比较复杂的，它不仅与个人所持的公平标准及主观判断有关，还与绩效的评定人及绩效的评定方法有关。因此，作为管理者，必须努力消除个人的私心和偏见，通过实施民主集中制、完善管理流程、加强信息透明度、细化绩效考评等措施加强对企业各个环节的管理，提高员工的满意度。需要注意的是，高新技术企业必须建立科学合理的绩效考评标准和考评体系，以准确地对"90后"知识型员工的工作业绩进行评价。

第三，公平既有内部公平，也有外部公平，高新技术企业管理者在对"90后"知识型员工激励时既要努力做到内部公平，同时也要兼顾外部公平。企业管理者要广泛征求员工的意见和建议，对于员工不满意的地方要适时进行调整。应深入同行业其他企业进行学习交流，准确把握与其他企业工资待遇、福利水平等方面存在的差异，想方设法缩小差距。

三、洛克的目标设置理论

目标激励理论是由美国心理学家埃德温·洛克（E. A. Locke）于 1968 年提出的。目标设置理论的主要内容是：目标的设置和执行对于调动人们的工作积极性具有重要的作用，清晰、明确、具体的目标能给人以巨大的精神力量，能够使其有效克服各种困难和逆境，提高人们的工作成就感。目标设置理论认为，目标是激发人的工作能动性的重要前提，目标要转化为激发员工的动力必须具备可接受性、可理解性、可执行性等特点。可接受性是指目标必须得到员工的普遍认可，可理解性是指员工能够理解目标背后蕴含的企业战略、领导意图等内容，可执行性是指员工通过自己的努力能够在工作中贯彻执行目标。

目标设置理论对高新技术企业激励"90后"知识型员工具有重要的启示意义，主要体现在以下三个方面：

第一，目标激励要达到效果必须由员工参与目标的制定过程，这样员工才会自愿执行目标。因此，在条件允许的情况下，高新技术企业管理者应为"90后"知识型员工提供参与目标制定的机会，无论是企业长期发展目标的制定还是短期发展目标的制定，都应该让一部分员工代表参与进来。管理者应认识到员工才是目标的执行主体，只有得到员工认可的目标，才能被有效执行下去。高新技术企业管理者可采取双向沟通的方式征求员工关于企业目标制定和执行中存在的问题，及时纠正目标执行中出现的偏差，确保目标的制定和执行准确无误。

第二，为了避免目标形同虚设，高新技术企业管理者必须制定相关政策措施促进目标的有效落实。目标设置完成后，要制订落实目标的具体计划，并设定目标的完成期限。设置的目标要可计量、可观察、可量化。这些工作完成后，高新技术企业要创造有利于"90后"知识型员工实现目标的各种条件，包括制度保障、政策支撑、资金支持。

第三，当"90后"知识型员工在执行目标中遇到问题时，管理者要及时帮助他们分析存在问题的原因。如果是员工自身方面的原因，如目标不明确、缺乏锲而不舍的精神、执行目标时存在偏差等，管理者要及时予以干预，提高他们执行目标的积极性。如果在执行目标的过程中发现目标本身存在一些问题，如目标不能很好地引导员工的行为、目标与企业实际情况偏差较大等，这时就需要管理者根据实际情况对目标进行适当的调整。

第三节　行为改造型激励理论

一、斯金纳的强化理论

强化理论最早是由著名心理学家斯金纳（B. F. Skinner）提出的。其主要观点是：人的某些积极行为具有强化性，也就是当人在工作中表现出某些积极行为时，这些积极的行为更容易获得领导的赞赏和团队其他成员的认可，员工在今后的工作中表现出积极行为的可能性会大大增加。相反，当员工在工作中表现出某些消极的行为时，这种行为很容易受到领导的批评和团队其他成员的抵制，员工在今后的工作中重复这种消极行为的可能性也会大大降低。简而言之，强化理论认为，人的积极行为更容易重复，消极行为更容易避免。

强化理论对高新技术企业激励"90后"知识型员工的启示包括以下两个方面：

第一，对"90后"知识型员工的积极行为进行持续的强化，可以促使其积极行为重复出现。这就要求高新技术企业管理者密切关注"90后"知识型员工的工作行为表现，当"90后"知识型员工在工作中表现出一些积极行为，如勇于挑战、责任心强、强烈的工作自主性、热心帮助同事时，管理者应在最短的时间内进行持续强化，积极鼓励员工的这种行为，并对其表彰奖励，这样可以很大程度上延长"90后"知识型员工积极行为持续的时间。

第二，高新技术企业管理者必须具备及时发现员工工作价值的能力，并及时对他们实施奖励。及时的奖励能使员工积极行为重复的概率大大提升,对员工起到极大的激励作用,也有利于对其他员工形成示范效应,在企业内部营造积极的工作氛围和"你追我赶"的竞争局面。如果员工的积极行为没有得到及时的奖励,那么员工就会认为这种积极的行为在企业里是不受领导认可的,员工甚至会怀疑这种积极行为的效果,在今后的工作中就会降低这种行为发生的可能性。

二、归因理论

归因理论是由美国心理学家伯纳德·韦纳提出的。该理论认为,人们总是倾向于就某种行为的结果追根溯源,寻找导致某种结果的具体原因,这不仅有助于对行为本身进行评价,还有助于对后期行为进行有效预测。归因的过程是,人们将所收集到的各种信息及对环境分析所获得的结果进行总结,并对自己目前的工作行为进行分析,找出自己工作行为的优势和不足,深入挖掘存在问题的主要原因。归因理论认为个体由于信息掌握程度、认知能力、理解能力、预测能力等方面的不同,归因分析的结果可能会存在巨大的差异。因此,归因结果有时不能完全反映事情发展的真实过程,归因分析需要和其他分析工具相结合才能达到最佳效果。

归因理论对高新技术企业激励"90后"知识型员工的启示体现在以下两个方面:

第一,不论是管理者还是"90后"知识型员工,在工作中都会面临严峻的竞争和各种来自不同方面的压力。面对竞争和压力,不同的人会有不同的表现,有的人会表现出积极、乐观、迎难而上,有的人则会表现出消极、悲观、知难而退。不管是哪种情况,管理者的归因措施都显得特别重要。对于那些积极、乐观、迎难而上的员工,管理者应将结果归因于员工自身,强调是员工自身的努力导致的结果。对于消极、悲观、知难而退的员工,一方面管理者要采取多鼓励、少惩罚的措施使员工尽快走出低谷;另一方面在归因中要善于从员工外部因素寻找原因,强调是由于外部环境造成的这种结果,这样可以缓解员工的压力、减轻员工的自责感,能使他们尽快调整好状态,摆脱工作中的困境。

第二,对于高新技术企业管理者而言,要想充分激发"90后"知识型员工的工作积极性,就必须协调好管理者与"90后"知识型员工之间的关系。当工作中出现困境、矛盾、不利局面时,管理者要多从自身角度寻找原因。这不仅有助于与员工建立良好的关系，还有助于提高"90后"知识型员工对工作的适应性和对企业的忠诚度，有助于确立良好的企业内部激励和竞争机制，提高企业的凝聚力。

三、挫折理论

挫折理论是由美国心理学家亚当斯提出的。该理论分析了人们在工作生活中遭遇挫折的原因，认为挫折的出现是由于人的需求未得到满足，进而在工作行为中表现出某些消极、对抗、不作为的状态。当出现挫折后，作为管理者不能置之不理，因为挫折不仅会严重影响员工的工作状态和工作效率，还会使企业面临危险，降低企业生产经营效率。管理者应该做到：①多方面寻找挫折出现的根本原因；②对挫折进行归类，区分出哪些是由于主观原因造成的，哪些是由于客观原因造成的。要有效切断挫折的传播途径，防止挫折引发的消极行为进一步扩大化，尽快将消极行为转化为积极行为。

挫折理论对高新技术企业激励"90后"知识型员工具有重要的启示作用，体现在以下三个方面：

第一，每个人的工作生活都不可能是一帆风顺的，都可能会遇到各种各样的挫折和困难，挫折并不可怕，关键要掌握正确战胜挫折的方法。管理者要引导"90后"知识型员工树立远大的目标，端正工作态度，不要因为眼前的困难和挫折而失去前进的动力。要关心和帮助"90后"知识型员工，使员工冷静、客观地分析挫折产生的原因，让其保持自信和乐观，积极寻求战胜挫折的有效办法。

第二，"90后"知识型员工在工作中出现问题是在所难免的，管理者要正确对待受挫折的员工。"90后"知识型员工善于挑战、勇于冒险、敢于创新，这样的性格特点决定了他们在工作中不可避免地会出现一些问题，要经受一些挫折。管理者不能一味地指责他们，而是要想方设法为他们排忧解难，维护他们的自尊心，使"90后"知识型员工尽快从挫折情境中解脱出来，以更加积极向上的态度投入到工作中。"90后"知识型员工比较年轻，心理承受能力不强，如果在工作中出现了问题管理者去指责、惩罚，就会使他们因为害怕挫折和失败而不敢尝试新事物，工作的主动性和创新性就会大大降低。

第三，企业管理者要为"90后"知识型员工创造良好的工作环境，要及时改变不利情境，避免受挫折员工"触景生情"，防止造成心理疾病和越轨行为。

当遇到挫折时，要引导员工以积极进取的态度来应对，避免消极态度造成员工之间的攻击、冷漠、固执。要通过改善工作环境、岗位轮换、心理疏导、精神宣泄等方法，把挫折对"90后"知识型员工所产生的不利影响降到最低，帮助他们尽快走出挫折，以更加积极的心态面对工作和生活。

第四节　综合激励理论

一、勒温的场动力理论

场动力理论是由心理学家勒温提出的，该理论被认为是一种最早的综合激励理论。场动力理论认为，个人行为的方向取决于环境刺激和个人内部动力，用公式表述为 $B = f(P \times E)$。在该公式中，B 表示个人行为的方向，P 表示个人的内部动力，E 表示环境刺激。该公式反映了个人行为的方向、个人的内部动力、环境刺激三者之间的关系，个人行为的方向等于个人的内部动力和环境刺激两者的乘积。

场动力理论对高新技术企业激励"90后"知识型员工的启示包括以下两个方面：

第一，高新技术企业应为"90后"知识型员工提供良好的外部环境，如良好的人际关系氛围、优秀的企业文化、柔性的企业管理制度等。企业管理者要充分发挥环境刺激在激发"90后"知识型员工行为中的重要作用，为员工提供良好的环境刺激，如为员工创造和谐、有序、丰富、充满爱的工作环境，通过丰富的环境刺激为"90后"知识型员工内驱力的发挥和工作积极性的提高奠定良好的基础。

第二，高新技术企业应关注"90后"知识型员工的内心需求，掌握"90后"知识型员工的内部驱动力。场动力理论表明，只有在内部驱动力的作用下，外部刺激才能顺利转化为激励因素；人的需要越强烈，内部驱动力就越大，就越能在外部刺激因素的作用下产生良好的激励效果。因此，高新技术企业管理者除了为"90后"知识型员工提供良好的外部环境，还要密切关注其内心需求，使外部环境通过作用于员工的内部驱动力，使其实现良好的个人行为。

二、波特和劳勒的综合激励模型

1968 年波特和劳勒提出了新的综合激励模型，20 世纪 70 年代，该模型得到了进一步的完善（见图 2-1）。该综合激励模型显示，激励分为内部激励和外部激励两种。外部激励包括企业所提供的工作环境、工资水平、制度规定等；内部激励包括领导及同事的认可、人际关系等。

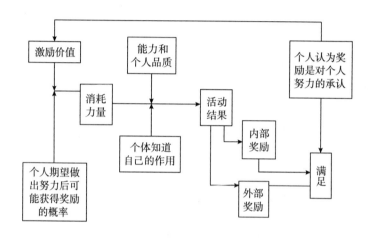

图 2-1　波特和劳勒的综合激励模型

综合激励模型对高新技术企业激励"90 后"知识型员工具有以下三个方面的重要启示：

第一，高新技术企业管理者要注意关注"90 后"知识型员工的满足同活动结果之间联系的程度。管理者要注重内部激励对于员工工作积极性的重要作用，使员工树立信心，充分激发员工的内驱力，让员工以更高的热情投入工作。

第二，综合激励模型显示，管理者的外部激励对员工工作投入具有重要影响。因此，高新技术企业管理者要注重对"90 后"知识型员工的外部激励，通过各种激励措施的综合运用提高"90 后"知识型员工的努力程度和工作投入度，进而取得良好的激励结果。

第三，个体能力会对活动结果产生不同程度的影响，外部刺激要通过作用于个体内部条件而产生作用。因此，高新技术企业管理者要想方设法提高"90后"知识型员工的个体能力，如针对"90后"知识型员工的需求和自身技能的欠缺采取形式多样的培训，通过岗位轮换、扩大工作范围等方式帮助员工不断提高自身技能，从而提升组织绩效。

第五节　激励理论的最新发展

一、激励的权变理论

20世纪70年代形成了一种新的激励理论——权变理论。该理论的主要观点是：在企业的经营管理过程中，内外部环境、管理对象、管理目标、管理过程都有可能发生变化，因此没有一种管理方式和管理手段是通用的，必须要适时地予以调整和变化，这样才能更好地适应变化中的需求，才能实现管理效率的提升和管理效果的改善。权变理论对管理者提出更高的要求，要求管理者能够"以不变应万变"，要做到处变不惊，认识到变化是常态，变化意味着发展和提升、前进和向好。面对日新月异的变化形势，领导者要从心理上接受这些变化，要认真分析变化中的环境对企业战略、领导决策、企业愿景等方面提出的新要求。企业管理者要认真研究在变化的环境中企业应该如何应对，如何更好地适应变化，如何寻求发展机遇，实现企业的飞跃式发展。

权变理论对高新技术企业激励"90后"知识型员工的启示包括以下三个方面：

第一，激励系统内部的各个因素之间是相互联系、相互作用、共同促进的，企业管理者要树立激励的全局意识，使激励各因素有机结合，共同发挥激励效果。管理者要全面分析"90后"知识型员工的特点，分层次、分类别、有针对性地制定激励组合，并将内外部环境的不确定因素考虑在内，制定对于"90后"知识型员工有效的激励体系。

第二，在企业的经营管理中，管理者要认识到没有放之四海而皆准的管理模式，盲目地借鉴其他企业的管理模式有可能适得其反。这就要求高新技术企业管理者要头脑灵活、思路清晰，要时刻关注内外部环境的不断变化，对环境因素做出正确的评估。在此基础上摒弃落后的管理模式，引进先进的管理流程，使之适应社会的发展和时代的要求，增强对"90后"知识型员工的吸引力，以达到吸引人才、留住人才的目标。

第三，高新技术企业管理者要不断发展自己、完善自己，提升分析、驾驭、利用内外部环境变化的能力。作为领导者，一味地依靠领导权力来压制员工不是长久之计，只有找到合适的领导方式才能更好地发挥领导魅力，使"90后"知识型员工愿意听从领导的指挥和管理，愿意留在企业工作，全心全意为企业效力。领导者只有善于转变管理方式和领导方式，注重个人综合素质的全面提升，凭借个人魅力影响员工行为，才能在激励员工中发挥出最佳的激励效果。

二、知识管理理论

知识管理的概念最早是由美国管理学教授彼得·德鲁克提出的。知识管理理论的主要内容是：知识是创造企业绩效的重要因素，员工所掌握的知识广度和深度能够体现出企业全体员工的整体技能水平，决定了企业在行业中的竞争地位和竞争优势。知识管理可以从两个方面来理解：一是从信息的角度来理解，知识管理与信息是相关的，把知识作为对象在信息系统中进行识别和处理，从而获得技术的支持。二是从人的角度进行理解，知识管理理论认为知识存在于人脑之中，通过运用知识管理，充分发掘来自人脑中的信息可以使人的潜能得到最大限度的发挥。

知识管理理论认为，知识管理的目标是集合整个团队的智慧，通过知识库的分享和学习，提升员工随机应变能力和技术创新能力，从而使企业在行业中更具竞争优势。知识管理理论对高新技术企业激励"90后"知识型员工的启示体现在以下两个方面：

第一，高新技术企业管理者在设计激励机制时，要通过理性化的制度来规范员工的知识管理行为，要大力降低信息流通成本，着力改善不利于信息流通的体制机制，提高信息共享效率。要建立促进知识共享的企业文化，使员工能够高效、便利地分享所拥有的知识。

第二，"90后"知识型员工作为高新技术企业掌握先进技术的核心力量，其技能水平需要通过不断的学习才能得到持续提高。因此，高新技术企业管理者需要采取多种方式为"90后"知识型员工的学习、进修创造良好的条件，提供充足的保障和支持。

第六节　本章小结

第一，本章对一些重要的激励理论进行了归类整理，对激励理论的系统整理使读者能够较为清晰地了解有关激励的主要理论体系，把握激励理论的发展脉络，分析各种激励理论之间的内在联系和不同点，在对高新技术企业"90后"知识型员工进行分析时，能够运用这些激励理论进行系统的研究。

第二，理论梳理的目的在于为企业实践工作的开展提供指导，本章详细说明了每一种激励理论对高新技术企业激励"90后"知识型员工的重要启示。这为高新技术企业管理者如何在激励"90后"知识型员工中恰当地运用激励理论提供了积极的指导，也为后续"90后"知识型员工激励模型的构建及激励对策的提出奠定了理论基础。

第三章 高新技术企业"90后"知识型员工激励现状分析

第一节 高新技术企业特征分析

与其他类型的企业相比,高新技术企业具有以下特征:

第一,企业人力资源的主体是知识型员工。在高新技术企业的员工队伍中,知识型员工的比例要大于生产一线员工的比例。[①] 高新技术企业侧重于技术的开发研究,只有知识型员工才能担此重任。因此,高新技术企业对知识型员工的需求较为强烈。特别是近几年来,高新技术企业之间的竞争越来越激烈,对知识型员工的需求也越来越强烈,使企业中知识型员工所占的比重呈现逐步上升的趋势。

第二,行业竞争环境日趋严峻。与其他行业相比,高新技术企业的行业竞争更为激烈,由于技术的更新换代速度加快,导致企业产品的生命周期逐渐缩短,需要企业在一年或者几个月内就要推出一种新产品,否则就会被市场淘汰。残酷的竞争形势要求企业比以前更加注重对科技的研发投入,不断加快产品的创新发展和更新换代。产品的创新、研发、推广需要一批年轻有为的知识型员工作为人力支撑,因此高新技术企业比其他类型企业对知识型员工的需求更为旺盛。

---

① 资料来源:国家科技部.国家高新技术产业开发区高新技术企业认定条件办法 [Z].国科发火字 [2000] 324 号。

第三，投入高、风险大。大量的资金支持是高新技术企业成长发展的重要前提，大量知识型人才的引进和培养需要企业支付较高的成本；企业大量高、精、尖设备的购买和维护需要大量的资金投入；市场的开发、营销的推广、新技术的引进等都离不开雄厚的资金作为支撑。此外，高投入也意味着高风险，高新技术企业大量的资金投入背后所隐藏的风险也是不容忽视的，这个风险不仅是一种静态的风险，更是一种动态的风险，贯穿企业的生产系统和整个价值链过程，使企业在经营管理的过程中稍有不慎就可能造成"血本无归"。

第四，知识发挥着至关重要的作用。与其他类型的企业相比，知识对于高新技术企业的发展尤为重要。高新技术企业经营活动的开展是拥有不同知识的员工协同努力的结果。这就决定高新技术企业对拥有不同知识的复合型人才的需求尤为强烈，不同年龄层次的复合型人才运用自己所掌握的知识技能，在生产经营活动中不仅创造出个人价值，而且创造出公共知识，即基于协作的知识。

第五，组织结构的柔性化。高新技术企业人才具有自主性、创新型、个性化、流动性强等特点，这就决定其组织结构具有简洁、反应灵敏、灵活多变、注重团队合作等柔性化的特点，这样的组织结构特点决定了高新技术企业能够快速应对外部环境的变化，适应现代市场的需求。在这样的组织结构中，员工在和谐团结的文化环境中工作，有利于员工与领导之间、员工与员工之间进行开放式对话，及时发现工作中存在的问题，并找出积极高效的解决方式。

第二节 "90后"知识型员工特征分析

第一，学习能力强，酷爱创新。"90后"知识型员工大多接受过良好的高等教育，具有较高的文化素质和文化水平，他们的学习能力较强。特别是在当今信息技术高速发展的时代背景下，"90后"知识型员工能够灵活运用先进的、多样化的学习工具进行自主学习，根据自己知识的欠缺情况及时查漏补缺，不断给自己"充电"。他们对新鲜事物的理解力和接受力更强，能够结合岗位需求将各种信息资源迅速转化为学习力。另外，"90后"知识型员工酷爱创新，他们喜欢充满神奇、挑战、创新的事物，讨厌传统僵化、形式化的理念和做法。他们充满活力、想法独特、勤于实践、乐于探索，善于在工作中突破条条框框的限制，寻求更科学、更高效的工作方法。

第二，追求自我实现。很多"90后"知识型员工从小家庭条件优越，物质生活富足，不需要为生计发愁，一些"90后"知识型员工即使在工作后其父母也会给他们提供一定的物质帮助。可以说，很多"90后"知识型员工工作的目的不仅是赚取工资，更重要的是希望通过良好的职业发展平台实现自己的理想抱负。"90后"知识型员工更加期望得到同事的认可、领导的赞赏、社会的认同，他们对精神层面的需求已经远远超过对物质层面的需求。因此，在对他们激励时应将成就激励摆在更加突出的位置（苏华、张宁，2008）。

第三，以自我为中心，追求工作环境的"非主流性"。"90后"强调自我个性，不愿意忍让和妥协。在职场中，他们常常坚持己见，难以接受别人的意见和建议，不愿听从领导的命令与安排[1]。林新奇和苏伟琳（2017）认为，"90后"知识型员工爱憎分明、性格要强、个性张扬、不喜欢被束缚、渴望公正、追求平等。"90后"知识型员工具有的独立、个性、有主见的"非主流"特点，使他们更加清楚自己追求的是什么样的生活，慢慢地在职场生活中形成自己的"小圈子"。但是，"90后"知识型员工的这种性格特征常常会使他们难以与同事融洽地相处，在一定程度上影响团队工作的顺利开展，导致企业管理面临重重阻力。

第四，心理素质较弱，抗挫败能力差。"90后"在进入职场之前遇到的问题会由家人帮他们解决。正因如此，"90后"知识型员工普遍缺乏锻炼的机会，抗压能力和情绪控制能力等心理素质都比较弱。进入职场之初，他们抱有的期望过高，迫切希望得到领导、同事的赞赏和认可，希望成为团队或组织的中心和焦点。然而现实是残酷的，在竞争激烈的职场生活中，他们会经常遇到各种困难和挫折，同事的质疑、领导的批评有时也是难以避免的。理想和现实的巨大落差使"90后"知识型员工无所适从，对别人的批评和建议表现出强烈的不满，甚至会怀疑自己的工作能力，严重影响其工作积极性的发挥[2]。因此，在职场中，"90后"常被戏称为"草莓族""瓷娃娃"，他们眼高手低，遇到挫折不善于总结经验教训，甚至会自暴自弃、丧失斗志；心理素质较差，不能很好地控制自己的情

① 李军，刘学.新生代员工的成长环境和特点探析［J］.湖湘论坛，2013（6）：43-47.
② 张彦峰.A集团90后员工流失的成因与对策研究［D］.上海：华东理工大学硕士学位论文，2014.

绪；受到批评或质疑时往往用消极情绪应对，如不服从管理，甚至选择离职。①

第五，忠诚度较低，员工流动性强。与其他年龄层次的员工相比，"90后"知识型员工普遍缺乏认同感和忠诚度，离职率较高，员工流动性较强。究其原因，一方面，随着工作经验的积累，"90后"知识型员工的自身素质和知识技能迅速得到提升，原有的工作单位已经不符合他们的心理预期；另一方面，"90后"知识型员工刚开始进入职场时往往心理素质差，对工作的适应性不强，缺乏良好的自我调节机制。当工作目标与价值实现相冲突时，"90后"知识型员工很容易情绪波动，对工作表现出强烈的失望感，无法调适自己的心态来缓解压力，导致他们放弃当前工作而重新选择。

第三节　高新技术企业"90后"知识型员工激励中存在的主要问题

研究者前期对山东省20余家高新技术企业进行了大量的走访调研。采取的调查方式是按照事先设计好的访谈提纲（见附录A、附录B）对研究对象进行深度访谈，访谈对象包括高新技术企业的管理人员和"90后"知识型员工，管理人员涉及企业的研发经理、人力资源经理、总经理等。通过访谈发现当前高新技术企业在激励"90后"知识型员工中存在九大问题。

一、激励体系不完善

激励体系的构成包括激励主体、激励客体、激励手段、激励环境、激励反馈等基本要素。只有当激励的各要素之间相互作用时，才能产生激励效果。激励体系所要解决的主要问题包括：如何健全、完善各种激励措施，使不同的激励措施相互协调；如何制定公平公正、奖惩分明的激励制度；如何合理使用各种激励理论，使其更好地指导企业激励措施的具体实施；如何充分激发员工的工作动机，调动团队的内驱力。可以说，激励体系所要解决的问题涉及企业的方方面面，关

---

① 孟华兴，赵现锋. 新生代员工管理［M］. 北京：中国经济出版社，2014.

乎企业的长远发展，是企业管理者必须正视和解决的问题。实践研究表明，那些在员工激励方面做得比较到位，并且取得了良好激励效果的企业，无一不重视激励体系的建设。在健全完善的激励体系下，管理者通过充分调动各种激励因素，作用于激励各个子系统，实施有效的激励措施，大大激发了员工的工作积极性。

当前，很多高新技术企业不注重激励体系的建设，缺乏系统完善的激励体系，主要表现在：盲目激励现象严重、激励措施不完善、激励措施无差别、激励缺乏系统性等方面。在对高新技术企业部分"90后"知识型员工的访谈中发现，不少"90后"知识型员工对激励本身存在错误的理解，更不用说对企业激励体系有多深入的了解。究其原因，一方面是企业对激励制度的宣传不到位，没有使员工对企业的激励体系形成共性认识。另一方面，一些高新技术企业管理者对激励体系本身并不重视。通过访谈发现，除部分发展较好的企业外，很多高新技术企业并没有建立系统完善的激励体系。一些管理者对激励体系缺乏正确的认识，激励体系建设仅仅停留在形式上，至于这些政策制度如何实施、如何评价、如何反馈等方面企业并没有制定具体的措施。

在对"90后"知识型员工进行访谈时，研究者关于激励体系方面设置了以下访谈问题，分别是："企业目前所采取的激励措施中，您最满意的是哪一种？为什么？""企业目前所采取的激励措施中，您最不满意的是哪一种？为什么？"

下面选取了两位"90后"知识型员工关于这两个问题的回答。

【个案3-1】江某：1994年出生，已婚，本科。

总体而言，我感觉我所在的这家高新技术企业比较注重对员工的激励，但是激励体系的设置并不合理，给我的总体感觉是并没有系统完善的关于"90后"知识型员工的激励体系。要说比较满意的一点，那就是企业对我们"90后"知识型员工还是比较重视的，也比较注重干部队伍的年轻化建设。前不久，我们部门的一位"90后"就因为平时业绩突出被提拔为中层干部了，这也让我看到发展的希望。要说最不满意的一点，那就是领导和我们的沟通很少，一年到头根本没有机会接触到高层领导，我们的诉求很难传递到高层领导那里。

【个案3-2】李某：1999年出生，未婚，专科。

我刚来这家高新技术企业两年，和我以前的单位相比，虽然现在的工资水平提高了一些，但我感觉这家企业缺乏人文关怀。员工与员工之间，员工与领导之间关系很疏远，大家在办公室里仅讨论工作的事情，只是坐在自己办公桌前各忙各的。这点我感觉特别不好，我是一个喜欢热闹的人，我认为要让员工喜欢上班、喜欢工作，就得营造出一种团结、友爱的工作氛围。

除了对"90后"知识型员工进行访谈外，研究者在对高新技术企业管理层进行访谈时也设计了有关激励体系方面的问题："您所在的企业有专门针对'90后'知识型员工的系统完善的激励体系吗？"

【个案3-3】孙某：部门经理。

我们这家高新技术企业是一家中型企业，"90后"知识型员工所占比例为34%。我这个部门主要负责产品设计，"90后"员工占比50%以上，可以说我们是一支充满朝气和活力的队伍。"90后"知识型员工是我们企业发展的中坚力量，企业也比较重视对"90后"知识型员工的激励，设置了专门针对"90后"知识型员工的激励体系。但目前来看，激励的效果并没有达到预期。原因是还没有找到"90后"知识型员工真正的需求点，一些激励措施在制定时并没有征求员工的意见，大多还是管理层制定的，所以没有起到激励作用，这也是我们今后在工作中需要着力解决的问题。

【个案3-4】王某：部门经理。

我所在的这家高新技术企业规模小、人员少，企业虽然制定了激励体系，但是没有专门制定针对"90后"知识型员工的激励体系。我认为随着企业的不断发展壮大，这一点也需要改变。我们这两年也在着力引进人才，其中有不少优秀的"90后"知识型员工加入了我们的团队。这些新生力量是企业未来发展的重要支撑，如果没有系统完善的激励体系，就会出现"引得进、留不住"的现象。

二、激励机制不合理

激励机制所要解决的是企业的长期发展问题，这就要求激励机制的设置必须注重长效性，不能只追求短期成效。激励机制是否健全，不仅是对管理者管理技能的重要考验，也是企业能否顺利发展的重要保障。为了实现激励的长效性，企业在激励机制的设置中需要遵循一些基本原则：①公平处事原则、奖惩结合原则；②要求企业优化人员配置，做到人岗匹配；③要强化绩效管理，做到奖惩合理；④要实行多种激励方式，注重激励的灵活性。

为了解高新技术企业是否注重激励长效机制的建立，研究者到高新技术企业进行了深入调研。结果显示，很多高新技术企业激励机制缺乏规范性和体系性。

例如，一些企业岗位设置不明确、职责不清晰，导致员工不能很好地明确自己的岗位职责。员工在工作中出现了责任推诿、争抢功劳的现象。企业在激励时也缺乏基本的依据，导致激励对象错误，或者在激励中出现"平均主义"。再如，激励机制不能随着企业内外部环境的变化做出适时调整，很多企业的激励机制长时间内不进行任何的变化，导致激励机制形同虚设，激励效果降低。还有一些企业在激励机制的设置时缺乏人本思想，不考虑员工的个性差异、文化背景差异、需求层次差异，导致激励机制的制定脱离了员工的基本需求。调研发现，当前山东省很多高新技术企业对"90后"知识型员工虽然采取了一些激励措施（如升职、加薪等），但是管理者往往目的性太强，激励效果并不明显。

在对高新技术企业管理层进行访谈时，设置了以下访谈问题："在对'90后'知识型员工激励的过程中，您遇到的最大难题是什么？"其中，五位管理者的回答中都提到了缺乏激励的长效机制，下面列举两位管理层关于该问题的回答。

【个案3-5】任某：总经理。

在对"90后"知识型员工激励的过程中，我认为遇到的最大难题就是企业仅关注激励的短期效果，不太注重建立激励的长效机制。作为管理者，我特别希望每一种激励措施的运用都能立马见到成效，如果达到这样的效果我就认为这是一种正确的激励措施。如果激励措施使用一段时间后仍没有发挥效果，我就会认为这种激励措施是错误的，就会放弃这种激励措施。我认为这种注重激励短期效果的做法会导致管理者目光短浅，短期内可能有利于员工工作积极性的提高，但长期下去会导致企业缺乏完善的激励规划，不利于企业留住优秀人才。

【个案3-6】李某：部门经理。

在对我们部门的"90后"知识型员工进行激励时，我认为遇到的最大难题就是员工的需求多样化，任何一种激励措施都不可能让每位员工都满意。要解决这个问题还得从建立企业的长效激励机制出发，让员工感受到自己的个人利益是和企业的整体利益紧密联系在一起的。这样才能改变员工的短视行为，使员工在工作时真正以大局为重，即便企业在遇到短期发展困难时，员工依然能够团结起来、共同努力、迎难而上，促进企业的发展。

三、缺乏系统完善的培训体系

培训是提升员工工作技能和团队整体战斗力的过程。通过培训可以使员工掌握科学技术规范和标准化的作业流程,提高工作效率和工作能力。作为企业管理者,必须想方设法促进企业培训工作的顺利开展。培训体系涉及培训过程的方方面面,包括培训规划的制定、培训需求的分析、培训课程的设计、培训效果的反馈等。当前山东省很多高新技术企业缺乏系统完善的人才培训体系,主要表现在三个方面。

(一)缺乏培训规划

培训规划的制定是否准确、是否实用、是否可行,在一定程度上决定培训的最终成效。从调研的结果来看,很多高新技术企业对"90后"知识型员工培训规划的制定不完善,培训缺乏系统性、标准化、有效性。一份完整的培训规划涉及培训的目的、培训的目标、培训对象和内容、培训的范围、培训的规模、培训的时间、培训的地点、培训的费用、培训的方法等多个方面。很多高新技术企业在制定"90后"知识型员工的培训规划时,没有兼顾到培训规划的各个环节,导致后续培训的开展受到严重影响。

一些高新技术企业往往在出现员工自身技能欠缺而对工作的开展产生不利影响时,才意识到开展员工培训的重要性。这种没有任何培训规划的"救火式"培训,不但容易引起员工的反感,更难以真正提高员工的技能水平,因此培训效果也不尽如人意。一些高新技术企业管理层缺乏培训的基本理念,根本不知道如何对"90后"知识型员工进行系统完善的培训,更不用谈培训规划的具体制定了。对于企业培训活动的开展,他们要么照搬其他企业的习惯做法,要么基于某种特殊需要临时开展一些培训计划。这必然导致"90后"知识型员工对企业的培训项目难以适应,从而影响培训的效果。

(二)不注重培训需求分析

准确了解员工的培训需求是顺利开展培训工作的重要依据。高新技术企业中处于不同工作岗位、不同学历层次、不同性别的"90后"知识型员工往往具有不同的培训需求。

例如,对于处于基层工作岗位的"90后"知识型员工而言,个人需求更多地体现在希望获得较高的薪酬待遇、奖金福利等外在性报酬方面,他们对自身知识技能的提高往往更加迫切。对于处于管理岗位的"90后"知识型员工而言，则更希望获得较多的职业发展机会，他们更需要一些提高自身管理水平的相关培训。高学历的"90后"知识型员工对精神激励的需求更为偏重，他们更加渴望培训内容的丰富化和多样化。低学历的员工可能对物质激励的需求更为偏重，他们更加注重培训的实用性，关注自己的知识技术水平能否通过培训得到提高。男性"90后"知识型员工更希望获得外出培训机会，女性"90后"知识型员工更希望在企业内就可以得到培训。

目前很多高新技术企业不注重对"90后"知识型员工的差异化研究，不能结合"90后"知识型员工的个体特征采取不同的培训措施，这必然会出现因缺乏针对性而导致培训效果不佳的后果。

（三）培训课程内容不完善

一些高新技术企业为了降低人才培训的成本往往将能合并的培训项目合并，能减少的培训项目减少。培训课程的设计不符合企业和学员的需求，不符合"90后"知识型员工的认知规律。很多高新技术企业对"90后"知识型员工的培训内容设置不科学、培训方式不合理、培训评估不到位。例如，在培训内容的安排上，没有遵循由简单到复杂、由单项技能到综合技能的循序渐进；培训多采取培训者讲解、学员被动听课的传统方式，对案例研究、角色扮演、互动讨论等新型的培训方式运用不足；培训效果反馈不足，在培训结束后没有根据学员的培训情况对培训内容进行修改完善；还有一些高新技术企业管理者对员工培训工作不重视，对"90后"知识型员工的培训经费投入严重不足，员工培训经费开支所占比例较低。

在对"90后"知识型员工进行访谈时，研究者设置了以下关于培训方面的问题："企业会定期对您进行培训吗？采取的培训方式都有哪些？"下面选取了3位"90后"知识型员工对此问题的回答。

【个案3-7】刘某：1991年出生，已婚，研究生。

我研究生毕业后就进入这家高新技术企业工作，我老家在南方，因为女朋友家在山东，所以就选择在山东工作。这家高新技术企业所提供的工作岗位和自己的专业相符，加之当时企业提供的工资待遇还可以，因此就签约了这家单位。这家企业会定期对员工进行培训，但是间隔的时间一般很长，我工作这5年来，除了刚入职时的培训外，总共参加了三次培训，平均一年参加不了一次培训，我感觉对于高新技术企业而言，这样的培训次数显然是不够的。就培训方式而言，其中两次是到其他企业参观学习，还有一次是为期7天的企业技术骨干培训。

【个案3-8】赵某：1999年出生，未婚，本科。

我现在所就职的单位是我的第二家工作单位，两年前经朋友介绍来到这家高新技术企业。由于拥有一定的工作经验，所以我很快就适应现在的工作岗位，我目前主要是在一线从事产品的制造生产工作。除了刚入职时企业进行了为期三天的培训外，目前我还没有接受过系统的培训，也没有领导询问过我们是否需要通过一定的培训来提升自己。我感觉企业把培训机会都给了管理层，像我们这种一线工作者很难获得培训机会。

【个案3-9】赵某：1996年出生，已婚，专科。

我的学历不高，近几年单位来了不少研究生，在他们面前，我有时会因为学历低感觉低人一等，所以特别希望能有机会提升自己。但从目前来看，单位在培训的安排上并没有向我们这些学历比较低的员工倾斜；相反，我们得到的培训机会很少。我平时只能自己多看看书，多搜索相关资料提升自己的工作技能。有一次我有机会参加单位组织的培训，是面向全体一线员工举行的培训讲座，请的是我们这个领域的专家，但我感觉这次培训没什么针对性，对我工作技能的提升没有起到什么实质性的帮助。

根据这三个访谈案例可以看出，高新技术企业"90后"知识型员工对于培训有着强烈的需求，他们希望通过专业化、系统化的培训提升自己，实现自己更高的价值。但是企业在该方面仍有欠缺，导致"90后"知识型员工的培训需求没有得到满足，影响了他们的工作积极性。

四、物质激励没效果

经济学中的理性人假设、社会人假设等都是从不同方面说明了物质激励对于员工的重要作用，是企业进行物质激励的重要理论依据。从现实情况来看，我国所处的经济发展阶段及人均收入水平决定了大多数员工的物质需求还没有得到完全满足。因此，员工关注企业的物质激励，甚至企业所制定的物质激励措施是否合理成为能否调动员工工作积极性的决定性因素。

研究者通过到高新技术企业进行调研发现，目前一些高新技术企业在物质激励方面还存在很多问题，表现在工资水平的制定、调整及奖金、福利的发放等方面。例如，一些高新技术企业管理者脱离企业发展实际，为了吸引人才、留住人才，盲目照搬其他企业较高的工资水平，虽然在短期内极大地激发了员工的工作动力，也吸引了不少优秀人才加入企业，但时间一长，企业的资金链就出现了严重问题，企业不得不降低工资水平以维持企业的正常运转。这样一来，员工就会产生强烈的不满，有的员工甚至会选择离职。再如，还有一部分高新技术企业对物质激励不够重视，制定的工资水平、奖金水平等明显低于同行业其他高新技术企业，难以满足"90后"知识型员工对物质方面的强烈需求，导致"90后"知识型员工缺乏工作动机，工作效率极为低下。还有少数高新技术企业在制定物质激励制度时没有按照严格的程序，不了解整个高新技术行业的平均工资水平和"90后"知识型员工的需求，企业不同岗位员工的工资、奖金、福利等完全由企业家的意愿决定。

在对"90后"知识型员工进行访谈时，研究者关于物质激励方面设置了以下问题，即"您的收入主要包括哪几个部分？您对自己目前的收入水平满意吗？"下面选取了两位"90后"知识型员工关于此问题的回答。

【个案3-10】赵某：1992年出生，已婚，有一个女儿。

目前我的收入主要包括两部分：一部分是基本工资，另一部分是绩效工资。我对自己的收入水平不是很满意。我家里是农村的，父母没有什么收入来源，现在有四位老人需要赡养，还有一个女儿需要抚养。妻子在一家私营企业从事前台接待工作，收入较低，所以我的家庭负担较重。我本科毕业就一直在这家高新技术企业工作，工作经验比较丰富。我感觉我的收入水平与我的付出并不成正比，不少高新技术企业的工资基数比我现在的工资要高，绩效工资发的也多。因此，有时候我觉得工作干着很没劲，甚至想着有合适的机会就跳槽。

【个案3-11】王某：1997年出生，未婚。

目前我的收入主要包括三部分：一是基本工资，二是绩效工资，三是年终奖金。我对自己的收入水平不是很满意，感觉企业绩效工资的分配过于平均化，没有真正体现多劳多得。因为自己工作时间不长，在部门中属于年轻的，所以在平时的工作中我特别积极，什么都干。再加上我现在从事的工作和我大学所学的专业正好一致，可以说是学以致用。在部门中虽然我很年轻，但是专业技术知识一点也不差，甚至比那些年龄大的老员工更胜一筹，部门里有什么技术难题同事们也愿意找我解决。可以说，在部门里我是干得最多的，有时业务量大时加班加点也是常事。但是企业在分配绩效工资时，我拿到的却和那些平时不怎么加班加点的员工几乎一样，我感觉绩效工资没有体现出我个人的价值，"大锅饭"的做法有时挺让我气愤的。

研究者在访谈时设置以下访谈问题："企业都有哪些形式的福利？您对企业提供的福利是否满意？"选取了两位"90后"知识型员工关于此问题的回答。

【个案 3-12】李某：1992 年出生，已婚，有一儿一女。

我就职的这家高新技术企业福利形式比较单一，一般就是在法定节假日发点米、油、面、卫生纸之类的，每年农历的八月十五和过年会发一盒海鲜。我对单位发放的福利不是很满意，这种形式单一、每年没什么变化的福利形式使员工没什么心理期待，更不用说能调动起员工的工作积极性了。我听说有的企业会组织员工旅游，在员工生日时还会举行生日聚会，年终庆典时还会请家属参加。我觉得这样一些新颖的福利形式挺好的，更有利于拉近员工与企业的感情。

【个案 3-13】孙某：1999 年出生，未婚。

我认为企业发放的福利不在多，在于"用心"，通过发放福利要让员工感觉到企业对员工的关注和关心。我认为我所在的这家企业就应该在"用心"上下功夫。我们单位的福利形式单一，缺乏灵活性，员工没有选择权。例如，我觉得可以把休假作为一种福利并和其他物质福利搭配起来，员工可以根据自己的情况进行选择。

从以上四个典型案例中所反映出的高新技术企业"90后"知识型员工的一些想法，我们可以看出一旦企业的物质激励出现了问题，对员工工作积极性的打击可以说是多方面的。因此，企业要解决"90后"知识型员工工作积极性的问题，必须把物质激励放在重要位置。

五、重物质激励轻精神激励

精神激励是人与人之间的精神交流与互动，具有抽象性、社会性、复杂性等特点。从理论上来说，虽然精神激励具有重要意义，但从现实来看，很多高新技术企业却存在着不同程度的重物质激励轻精神激励的现象。其原因可能是物质激励措施更容易操作、见效更快，而精神激励则程序复杂，很难在短期内发挥实效。因此，从实际情况来看，大多数管理者对物质激励措施似乎更为偏爱，甚至部分管理者认为只要给人才提供高工资就一定能够使他们努力工作，就一定能留住他们。这种根深蒂固的思想在现在人才竞争异常激烈的市场环境中如果不加以转变，企业在发展的过程中必然会遭遇重创。当员工对精神激励的不满达到一定程度时必然会以某种方式爆发出来，员工可能会产生工作惰性，也可能提出离职。

研究者对此设置了以下问题："您所在的企业是更重视物质激励还是更重视精神激励？您认为这样合理吗？"选取了两位"90后"知识型员工关于此问题的回答。

【个案3-14】单某：1995年出生，女，已婚，育有一子。

我感觉我所在的这家高新技术企业更重视物质激励，工资水平在同行业中算是比较高的，而且还定期上涨。但是企业对精神层面的激励太少了，我感觉这样不太合理。我的家庭条件比较好，家里也没有什么负担，我属于事业型女性，我对自己的工作很看重，对于自己该干好的工作我总是追求尽善尽美。所以和企业的同龄人相比，我属于工作能力比较强、业绩比较突出的。但在近几年企业提供的提拔机会中，我都落选了，心里很是失落，不知道是不是因为自己是女性导致的。我感觉女性和男性是一样的，只要是有能力的都应该得到及时的提拔和任用，不然真是太打击工作积极性了。

【个案3-15】单某：1991年出生，男，已婚，育有一子一女。

我感觉我所在的这家高新技术企业其物质激励和精神激励做的都不到位，相比较而言，精神激励更差。我现在的收入水平养家糊口也就刚够，毕竟现在孩子的教育成本太高了，所以我平时真是工作上一点也不敢松懈。但这两年多来企业工资一次也没有涨过，还时不时加班加点，大家怨言也挺多的。工资不涨的话，能让大家增强些满足感也行，但我觉得企业在精神激励方面做得很不到位。我们"90后"知识型员工对精神激励还是很看重的，但我在工作中感觉不到什么成就感，认为自己就是个打工者而已，也看不到什么发展前途。

六、激励方式组合不合理

每种激励方式各有其优缺点，如岗位工资、底薪等短期激励方式的优点是能够在短期内消除员工的不满，激发员工的工作动力，改善员工的工作行为；奖金、外出旅游、适当的培训学习机会等中期激励方式的优点是既能够弥补短期激励方式的不足，对短期激励方式起到良好的补充作用，又能够使员工体会到工作的成就感，感受到领导的重视和认可，更有利于吸引和留住"90后"知识型员工。人才持股计划、股份期权等长期激励方式使企业的利益和员工的利益紧密结合在一起，能从根本上降低激励成本，使员工真正把工作当成自己的事业。

当前很多高新技术企业在对"90后"知识型员工激励的过程中存在激励方式组合不合理的问题。企业管理者往往把短期激励方式放在首位，一旦"90后"知识型员工在工作中出现表现不佳、业绩下降的情况，管理者首先想到的就是采取提高岗位工资和底薪的方式试图改善员工的工作现状。一些管理者认为外出旅游、培训学习机会等这样的激励方式是对企业资源的浪费，对员工的激励效果并不明显。调研结果显示，对"90后"知识型员工实施长期激励方式的高新技术企业屈指可数，一些管理者因为长期激励方式操作过程复杂、市场风险大、企业的现金支付压力大等原因而放弃使用长期激励方式。这些情况表明当前高新技术企业在对"90后"知识型员工的激励中存在激励方式组合不合理的现象，对中期激励方式和长期激励方式不重视，这是引起"90后"知识型员工人才流失的一个重要原因。

在对"90后"知识型员工的访谈中，研究者设置了关于长期激励方面的问题："您所在的企业有哪些中长期激励方式？您能获得这些中长期激励吗？"访谈资料回收后，选取了三位有代表性的"90后"知识型员工关于此问题的回答。

【个案 3-16】王某：1993 年出生，男，研究生。

我所在的这家高新技术企业是一家小型企业，成立时间不长，据我了解，目前这家企业没有股票期权、利润分享计划等长期激励方式。我相信随着企业的发展壮大，企业应该会在长期激励方面采取一些措施。毕竟长期激励的方式更能把员工的利益和企业的发展结合在一起，是真正能够调动员工积极性的做法，我也很期待能够通过自己的努力未来有机会获得企业的长期激励。

【个案 3-17】赵某：1998 年出生，男，本科。

我所在的这家高新技术企业属于一家中型企业，企业有良好的市场空间和发展前景。企业设置了中长期激励，但是我们普通员工无法获得，只有中层以上的领导才能获得，我觉得这不太公平。如果我们一线员工也能有机会获得长期激励的话，那我们肯定会更加努力地工作。所以我希望未来企业在激励方式方面可以改变一下，考虑一下如何在一线员工中使用中长期激励措施，明确中长期激励的获得标准，这样才能真正留住优秀人才。

【个案3-18】李某：1994年出生，男，专科。

我在这家高新技术企业工作7年了，目前员工所获得的激励方式主要包括短期激励和中期激励。短期激励主要体现在对于业绩突出的员工发放的一次性奖金，中期激励主要是对员工组织的培训，有时也会组织员工外出旅游以及对员工设置目标激励。目前的长期激励主要针对高层管理人员，员工是没有机会获得的。总体而言，我对这种激励方式还是比较满意的，通过自己的努力，我能够获取短期激励和中期激励，这也是对自己工作能力的一种认可。

七、领导者对"90后"知识型员工的信任不足

所谓"疑人不用，用人不疑"，领导者对员工的信任是员工顺利开展工作的重要基础。站在领导者的角度来看，领导者只有信任员工，才会对员工委以重任，减少自己在一些琐事、杂事上的精力消耗，提高工作效率。站在员工的角度来看，领导的信任可以让员工更加努力地工作，不断提高自己的能力，更好地去表现自己、展示自己，以获取领导更充分的信任，这会形成一种积极的连锁反应。领导对员工的充分信任，会极大地减轻员工的工作压力，当员工在工作中遇到问题时会主动地和领导汇报、交流，并和领导推心置腹地分析工作中出现问题的原因，在无形中拉近领导与员工之间的心理距离，这对于工作效率提升的作用远比领导的监管、强迫效果好得多。可以说，领导者的充分信任是员工高效工作的强大动力。

在高新技术企业中，很多优秀的"90后"知识型员工虽然年龄不大，但已经成长为企业的精英，他们追求工作效率，渴望得到领导的认可和信任，在工作中不希望受到太多的限制。然而当前一些高新技术企业的领导者思想保守，权力过于集中，对"90后"知识型员工的信任不足。一些领导者认为"90后"知识型员工虽然有知识、懂技术，但毕竟年轻，生活阅历不丰富，工作经验少，缺乏独立完成工作任务的基本条件。

调研发现，高新技术企业管理者对"90后"知识型员工的不信任主要表现在以下三个方面：一是一些高新技术企业管理者不给"90后"知识型员工安排重要的工作，使其无法参与重大项目，失去了实践锻炼、提升自我的机会。二是领导者对"90后"知识型员工的工作细节过于关注，凡事面面俱到、刨根问底，唯恐员工在工作的哪个环节出现差错。例如，一些"90后"知识型员工反映，

他们向上级领导汇报工作时，领导会当面一页一页地翻看文件资料，甚至还会对文件中的某些数据再三核实。领导者的这种做法让"90后"知识型员工感到很不舒服，认为领导怀疑自己的工作能力，导致部分"90后"知识型员工不愿意向领导汇报工作，也不愿意和领导沟通交流。三是一部分高新技术企业管理者平时对"90后"知识型员工的工作情况不闻不问、不理不睬，一旦员工在工作中出现了问题就对其毫不留情地批评指责，根本不听员工的解释，不顾及员工的个人感受。管理者认为员工在工作中出现问题就是员工不负责，或者工作能力不足造成的。管理者的这种想法从根本上反映了对员工的不信任。

关于领导者对"90后"知识型员工的信任情况，研究者设置的访谈问题是："在工作中您的自主权大吗？领导是不是经常干涉您的工作？对此您有什么看法？"以下是两位比较有代表性的"90后"知识型员工关于此问题的回答。

【个案3-19】江某：1992年出生，女，本科。

我在工作中的自主权不大，虽然领导不经常干涉我的工作，但工作中的任何问题请示直接领导是必须的，像我们这种一般员工是没有任何决定权的。因为工作流程就是这样，所以大家也都习惯了这种工作方式。但我觉得这样做存在很大的问题，凡事都要请示领导其实挺耽误时间的，员工没有任何的工作决定权，也很打击工作积极性。我的工作时间也挺长的，大多数的工作流程我都非常熟悉，我认为如果能给我一定的自主决定权就好了，不仅能提高工作效率，更重要的是领导对我的信任更能让我在工作中全力以赴。

【个案3-20】孙某：1996年出生，男，本科。

我所在的这家高新技术企业是一家小型民营企业，企业里论资排辈的现象还是挺严重的，员工能不能得到提拔主要依靠的是工作年限、工作经历等条件。我们企业不少部门的领导都是"家族"成员，领导对于外来人员不太信任，外来人员也很少有发展的机会。我当时是经人介绍来到这家企业从事市场营销方面的工作的，我所在的部门就有两个是"家族"成员。所以我认为在这家企业也没什么发展的可能性，我想着先多积累一些工作经验，等有合适的机会可能还是会考虑换工作。

八、"90后"知识型员工的职业发展空间受限

员工在企业中能否获得发展取决于企业能否给员工提供良好的职业发展空间。员工的整个职业生涯发展过程就是其一生工作经历的真实写照，是其工作能力、个人价值、社会价值的充分体现。员工的职业发展空间不同，其工作热情、工作绩效、个人收入、成就感等方面会存在明显的差异。

"90后"知识型员工掌握行业领域先进的理念和领先的技术知识，当他们在企业工作一段时间后，对物质激励的需求会趋于稳定，对职业发展方面的精神需求会越来越占据重要地位。获得良好的职业发展空间会使"90后"知识型员工在工作中表现出完全不一样的状态：那些在企业获得良好职业发展的"90后"知识型员工往往意气风发、神采飞扬、朝气蓬勃；而那些职业发展空间受限的"90后"知识型员工在工作中则往往灰心丧气、自怨自艾、无精打采。为"90后"知识型员工提供良好的职业发展空间是高新技术企业管理者重视人才、爱护人才理念的充分体现。管理者应根据员工的工作能力、工作实绩而不是工作年限、工作资历来安排员工的工作岗位，使有能力的"90后"知识型员工及时得到重用，让他们把自己的智慧和才能充分用于工作中，实现个人和企业的共同发展。

在对高新技术企业的调研中我们发现，因职业生涯发展受限，极大地影响一部分"90后"知识型员工工作积极性的提高。其具体表现在：一是管理者缺乏对"90后"知识型员工的职业生涯发展规划指导，在员工入职时没有帮助他们建立起清晰的职业发展路径，导致"90后"知识型员工职业生涯发展模糊，目标不明确，追求职业发展的动力不足。二是一些企业的晋升制度不完善，在提拔和选用员工时，还是采取传统的重资历、轻实绩的做法，仅以员工的年龄、工龄、资历作为最重要的参考标准，将员工的工作能力、工作业绩作为参考。这样的选人用人标准把绝大多数"90后"知识型员工排除在外，使他们失去了提拔晋升的机会，极大地打击了他们的工作积极性。三是管理者缺乏创新性思维，不注重年轻员工的梯队建设。部分高新技术企业的管理者因循守旧，在企业的人才队伍建设中缺乏长远的发展眼光，对企业的人才梯队建设不够重视，导致企业管理人员年龄偏大，年轻人员得不到重用。

在"90后"知识型员工的职业发展空间方面，研究者设置的访谈问题

是: "在职业发展过程中, 您所在的企业是否存在论资排辈的现象? 您对这种现象持什么样的态度?" 下面选取了两位 "90后" 知识型员工关于此问题的回答。

【个案3-21】孙某: 1991年出生, 女, 研究生。

我觉得我所在的这家高新技术企业论资排辈现象还是挺严重的, 虽然我工作的时间不长, 但是我学历高、能力强, 在我们部门可以说是业务骨干了, 有什么工作我都冲在最前面, 加班加点也是毫无怨言, 但是当每次单位提拔干部时都轮不上我。据我了解, 我们单位提拔任用主要看工作时间的长短, 就是那种论资排辈, 工作时间长的即使工作能力一般也照样提拔。我觉得这一点特别不公平, 很打击像我这种有学历、有能力, 但工作时间不长的员工的工作积极性, 觉得就是一天天在这里熬时间。

【个案3-22】赵某: 1994年出生, 男, 专科。

我在这家高新技术企业工作8年了, 现在还只是一名普通员工。因为我们这家企业是当地的一家规模比较大的企业, 其员工较多, 有不少员工是从企业刚成立就一直在这里工作的, 也有一部分能力突出、业绩好的员工得到了提拔, 被安排到关键部门当领导了, 但还有一些员工一直没有得到提拔重用。我认为没有被提拔的员工有怨言、有意见也是可以理解的。我的心态比较平和, 我觉得自己和其他人相比还是存在一定的工作能力差距, 所以我只能继续努力。我认为 "是金子总会发光", 只要自己努力, 还是有希望获得晋升机会的。

九、部分高新技术企业管理方式陈旧

良好的企业管理方式有利于提高产品质量、明确企业发展方向、促进企业长远发展。建立健全企业管理方式是企业管理者的重要职能, 对于构建和谐的企业发展环境和良好的员工关系具有重要作用。

在对山东省高新技术企业调研中发现, 部分高新技术企业的管理方式极为陈旧, 具体表现在: 领导者专制、对下属不信任、激励方式为多惩罚少奖励、管理流程不规范、管理制度刻板僵化等。这些陈旧的管理方式与现代企业管理制度的要求严重不符, 反映了企业管理者经营管理思想的落后, 严重阻碍了企业的长期发展。特别是对于 "90后" 知识型员工而言, 他们大多接受过高等教育, 学习过一定的企业管理理论知识。他们原本怀着美好的憧憬踏入工作岗位, 但当工作

了一段时间后，随着企业管理方式中的弊端逐渐暴露出来，一些"90后"知识型员工就会对企业表现出强烈的失望，甚至选择离职。那些选择留在企业工作的"90后"知识型员工也会因为理想与现实的巨大差距而对自己今后的职业发展表现出强烈的忧虑，工作的积极性大大降低。由此可见，高新技术企业的管理方式与激励效果是紧密相关的，企业要提高对"90后"知识型员工的激励效果就必须想方设法改善陈旧的管理方式，要在健全管理体系、优化管理流程、完善管理制度上下功夫，使"90后"知识型员工对企业的发展充满信心，从而更好地融入企业。

在关于企业管理方式方面，研究者设置的访谈问题是："您认为企业的管理方式是否合理？企业现有的管理方式是否影响了您工作积极性的提高？"下面是两位"90后"知识型员工关于此问题的回答。

【个案3-23】李某：1996年出生，女，专科。

我刚来这家高新技术企业工作时，对这家企业的管理方式还是挺满意的，管理者很关心员工，部门负责人也经常和员工聚在一起，工作上的事情也会征求我们的意见，企业的制度管理很严格，领导基本上能够做到一视同仁。但时间长了我也慢慢发现一些问题，如领导思想保守、因循守旧，在经营管理企业中没有自己的思路；制定的制度不符合企业的发展实际，仅追求企业规模的扩大；企业的管理流程落后，员工对企业流程的认知度较低，流程管理难以顺利推进。这些现象使我对这家企业越来越失望，感觉企业没有什么发展前途，这也极大地影响了我的工作积极性。

【个案3-24】孙某：1993年出生，男，本科。

我所在的这家高新技术企业主要从事的是医药产品的研发销售，这家企业已经成立20多年了，也算在医药行业摸爬滚打多年了。近几年，企业的发展速度缓慢，市场拓展不足，出现了一系列的问题。我认为这与企业陈旧的管理方式有一定的关系，企业管理观点落后、管理制度不健全、管理人才短缺、管理方式粗放。这些问题积累到一定阶段后便会慢慢暴露出来，对企业的发展产生很大的阻碍。作为一名"90后"，我认为员工的工作热情与企业的管理方式有很大的关系，如果管理者不学习一些新的管理理念和管理方式，还是采用传统的管理方式来管理现代化企业，那么这样的企业是没有前途的，也是留不住人才的。

第四节　高新技术企业"90后"知识型
员工激励中存在问题的原因分析

当前，山东省高新技术企业在激励"90后"知识型员工的过程中存在很多问题，究其原因主要包括以下九点：

一、激励制度的制定脱离员工需求

要消除盲目激励的现象，就必须准确把握员工的需求，在此基础上制定适合企业的激励制度。只有注重员工的需求，激励制度的实施才会有效果，管理者才能得到员工丰厚的回报。对管理者而言，了解员工的需求不仅表现在薪酬方面，还表现在对员工精神需求的关注方面。随着员工工作技能的增强和综合素质水平的提高，其需求也在不断地由低层次向高层次转变。对于企业而言，要确保激励政策达到预期效果，就要在对员工需求充分了解的基础上制定科学合理的激励制度，这样的激励制度才能顺利地被贯彻实施下去。

为了全面了解"90后"知识型员工的需求情况，研究者对山东省高新技术企业"90后"知识型员工进行了访谈。结果显示，当前很多高新技术企业虽然制定了对"90后"知识型员工激励的政策，但由于对员工激励需求的不关注，激励效果不甚理想。可见，缺乏对员工需求的了解是高新技术企业普遍存在的问题，由于管理层缺乏对"90后"知识型员工需求的了解，导致所制定的激励措施难以真正满足"90后"知识型员工的内心需求，企业的激励措施与员工的需求严重脱节。虽然企业花费了大量的人力、物力、财力，但是员工并不满意，激励效果很差。访谈中"90后"知识型员工普遍反映的一个问题是领导者在制定企业激励制度时很少征求他们的意见，他们只是被动地接受企业所制定的各项措施。

在关于企业激励制度与员工需求匹配度方面，研究者设置的访谈问题是："您对企业当前的激励措施满意吗？您认为企业的激励措施与员工的需求要怎样协调才能真正激发员工的工作积极性？"下面是两位"90后"知识型员工对此问题的回答。

【个案3-25】赵某：1994年出生，女，本科。

我所在的这家高新技术企业主要从事新材料技术方面的研发工作，企业的激励措施总体而言还是比较完善的，缺点就是与员工的需求结合度不高。作为一般员工，我不太清楚企业的激励措施是什么时候制定的、怎么制定的，也没有领导征求过我们的意见。据我了解，我身边的同事也没有被领导征求过激励制度制定方面的意见。其实企业制定的一些激励措施我们本身并不认同，和我们自身的需求差距也比较大，但我们也没有办法，就只能被动地接受。给我的感觉是，企业的一些激励措施很不实用，这一点是今后亟须改进的，企业应该考虑如何使激励措施更得人心，实现激励措施顺利的"落地"。

【个案3-26】曲某：1997年出生，男，本科。

我认为企业激励中存在的主要问题是，作为激励措施制定者的领导者与作为激励措施接受者的员工两者之间信息交流的缺失。产生这一问题的主要原因在于领导者对自身定位的认知不足，没有认识到领导者只是战略的制定者，员工才是战略的实施者。就我所在的这家企业而言，领导者和普通员工是一种明显的上下级关系，除了工作，领导和我们员工之间很少有心灵沟通。在激励措施的制定方面，领导者较多考虑的是如何提升工作效率，不太考虑某个激励措施的出台能否提升员工的幸福感。我认为领导者如果能从企业经济效益指标等因素中脱离出来，多从员工的角度出发，多和员工"打成一片"，让员工能够"敢说话、说真话"，那么一切问题都会迎刃而解。试想一下，谁不愿意和领导做朋友呢，如果领导者真心征求我们的意见，我们员工也会真心实意地提出自己的一些想法，这样制定出来的激励政策才是好政策。

二、企业管理者缺乏正确的经营理念

激励不仅关系到员工的幸福感，还关系到企业的长远发展。企业管理者，尤其是企业的高层管理者，要使"90后"知识型员工在工作中体现出较高的工作积极性，为企业创造出更大的竞争力和价值，就必须树立正确的激励理念。然而现实情况是，很少有管理者审视自己的理念问题，理念的缺失使管理者在无形中破坏了员工的最佳激励状态。

例如，有的高新技术企业管理者认为从事该行业的目的就是盈利，在这样的理念指导下，管理者更为关注的是企业发布的各项业绩指标，而不是企业员工，更注重短期利益而非企业的长期发展。对于高新技术企业而言，通过盈利来保持经营固然重要，但如果认为盈利就是企业经营的最终目标则是错误的。企业的活力基于两个因素：员工的工作热情和顾客的忠诚度，这两者是密切相关的，只有员工有足够的工作热情，才能更好地服务顾客，这样才能提高顾客的忠诚度。

作为高新技术企业管理者，树立正确的激励理念至关重要，即该行业的目的既要为员工服务，也要为顾客服务，盈利只是服务好这两个群体之后的副产品。管理者一旦树立这样的理念，就会以不同的方式来领导他人，管理者所做的决定和行动就有可能激励员工努力工作。在这样的理念指导下，可以帮助员工树立正确的职业价值观，使员工的行动更加符合集体的利益。"90后"知识型员工是高新技术企业中最具创新性和能动性的群体，已经成为企业发展的主力军。他们掌握着最先进的知识，拥有创新性的思维理念，渴望被认可和重视，希望获得更多的学习和发展的机会，他们比其他年龄群体更希望在激励中获得成长。然而由于企业管理层缺乏对激励重要性的正确认识，对"90后"知识型员工的激励缺乏积极性和主动性，导致在对"90后"知识型员工的激励中出现了很多问题。例如，重短期激励轻长效激励、重物质激励轻精神激励、绩效考核标准不科学、评价手段不先进等。虽然有的企业制定了"90后"知识型员工的激励政策，但是管理者不注重与时俱进，导致很多政策措施形同虚设，难以真正发挥出激励效果。

在有关企业领导者经营理念方面，研究者设置的访谈问题是："请您结合自身工作情况，谈一谈您如何看待领导者的经营理念对激励效果方面所产生的影响？"下面是两位"90后"知识型员工对此问题的回答。

【个案3-27】王某：1991年出生，男，研究生。

我在企业主要从事的是技术研发工作，上学期间我也选修了一些工商管理相关课程。我认为一个好的领导者必须具有正确的经营理念，也就是对于企业未来发展要有很好的把控能力，知道企业应该将关注点放在哪些方面。解决激励问题虽然是一项比较具体的人力资源管理工作，但也在一定程度上反映管理者的经营理念是否正确。领导者的经营理念正确，制定的各项政策会更加考虑员工的感受，员工会觉得跟着这样的领导工作是有发展前途的，员工会更容易从内心形成一种归属感，这本身就是一种激励良方。

【个案3-28】孙某：1997年出生，男，专科。

我所在的这家企业主要从事的是电子信息技术，我平时工作非常忙碌，除了因为工作与自己的主管领导经常接触外，与企业内其他领导的接触机会并不多。从我自身的感受来说，我希望高新技术企业领导者能够多关注员工，领导者不要过于强调业绩指标。因为我们绝大多数员工都很注重业绩，危机感、压力感都很强，领导者过于强调业绩只会让我们厌烦。我们经常听到"以人为本"，但是真正落实这一理念的领导者少之又少。领导者如果能够转变理念，换一种思路来看待员工激励问题，不要"急于求成"，从尊重员工、理解员工的角度出发制定激励措施，在一定程度上减少对工作结果的关注，我想大多数员工都会在具体的工作实践中更加努力地工作，工作结果自然也不会太差。

三、对"90后"知识型员工的绩效考核不合理

绩效考核是员工聘用的依据，是培训计划实施的依据，可以促进激励机制的有效运用。科学合理的绩效考核对于管理者了解员工的品行、掌握员工的业绩、清楚员工的能力、考查员工的绩效具有重要意义。在对山东省高新技术企业进行调研时研究者发现当前很多高新技术企业在对"90后"知识型员工的绩效考核中存在很多问题：

第一，绩效考核标准的制定不够具体。绩效考核的标准制定必须明确具体，不能让人感到模棱两可。另外，标准的制定应该"适度"，如果标准过低，员工不费吹灰之力就能够达到，这样考核就失去了意义；而如果标准过高，员工无论怎么努力都不能达到，他们就不会再努力工作了。因此，只有那些经过一定努力可以达到的标准，才能对员工产生激励作用。当前，山东省很多高新技术企业在对"90后"知识型员工制定绩效考核标准时不具体、不适当，难以发挥对"90后"知识型员工的激励作用。

第二，多元化的绩效考核主体尚未形成。绩效考核的主体主要包括上级考核、同事考核、自我考核、下级考核。对于主管而言，其不可能完全了解下属，因此在考核过程中难免会出现这样或那样的偏差。为了避免出现这些偏差，在实施绩效考核时，除了由主管作为考核者以外，还要包括同事考核、自我考核、下级考核。同事是经常与员工在一起工作的群体，同事之间相处的时间要远远多于上下级之间相处的时间，所以彼此非常了解。同事参与考核，可以对员工的工作

表现做出更为客观准确的评价；在"以人为本"这一管理理念的指导下，让员工进行自我评价，对提高员工的自我管理意识也具有重要意义。另外，在对主管进行考核时，下级的意见也是非常重要的，因为只有他们才清楚自己主管的领导能力到底怎么样。

当前山东省很多高新技术企业在对"90后"知识型员工进行绩效考核时主要还是以上级领导评价为主，同事评价、员工的自我评价、下级评价并没有被企业重视，尚未形成多元化的绩效考核主体，导致对"90后"知识型员工的评价不够全面，无法准确地衡量"90后"知识型员工的业绩水平，因此也无法制定出有针对性的激励措施。

第三，员工的申诉管理制度不健全。在实施绩效考核时，有时会出现员工对考核结果不满意的情况，为了防止冲突的出现，有效的考核申诉制度就显得很有必要。在调研中研究者发现，在一些高新技术企业内，人事经理在处理"90后"知识型员工的申诉时不够公平公正。当出现"90后"知识型员工对企业的绩效考核不满意时，人事经理缺乏和员工的有效沟通，对"90后"知识型员工的诉求不够重视，忽视"90后"知识型员工的意见和建议，极大地打击了员工的工作积极性。

要保证员工的申诉得到及时的处理，科学合理的申诉制度尤为重要。例如，当员工对绩效考核结果不满意想要申诉时，首先，可以让申诉人填写一份详细的包括申诉原因、申诉事由、争议内容的书面申诉报告。人事经理收到申诉报告后进行核实，审核内容的真实性。其次，当申诉的真实性确认之后，企业的人力资源部门要着手组建"工作述职评审小组"，成员一般包括公司的常务副总、工作总监、部门经理等。再次，召开工作述职评审会议，在会议上申诉人详细讲述自已近一段时间的工作情况，并讲明不同意考核结果的原因。评审小组成员可以就工作上的细节和其他关心的事情进行提问。最后，由评审小组成员来评定本次的工作考核。人事经理将考核结果汇总，取平均数或加权平均数以得出该员工的最终考核成绩。然而，当前很多高新技术企业的考核申诉制度并不完善，申诉渠道和申诉程序建设也不到位，难以保证员工的申诉能够得到公开、公平、公正的处理。

第四，对考核结果的反馈存在不足之处。很多高新技术企业的管理者为了避免矛盾的出现，总是把考核结果看作"重要机密"，规定考核结果不与员工"见面"。特别是对于年轻的"90后"知识型员工，由于担心员工对考核结果不满意而发生人才流失的现象，管理者便不把考核结果告诉员工，这是非常不明智的做法。相关研究表明，将绩效考核的结果及时准确地反馈给员工是非常重要的，它不仅能为员工的努力指明方向，而且还可以激发员工的上进心和工作积极性，从而提高企业的整体绩效。

实际上，如果管理者不将绩效考核的结果告诉员工，员工就会更加怀疑考核的公平性、真实性、透明性。表面看来，管理者对考核结果保密的这种行为降低了冲突和矛盾发生的可能性，实际上员工迟早会知道考核结果，因为考核的结果最终体现在员工的薪酬奖金、培训机会等方面。另外，对考核结果进行保密相当于剥夺了员工申诉的途径，会引起员工的强烈不满。

在对"90后"知识型员工进行访谈时，研究者关于绩效考核方面设置的问题是："企业是如何对您的工作业绩进行考核的？您认为合理吗？"下面选取了两位"90后"知识型员工对此问题的回答。

【个案3-29】刘某：1993年出生，在本单位工作6年。

我对企业如何对员工进行考核不是很清楚，我所在的这家高新技术企业也没有使用什么专业的绩效考核工具。每个部门都制定了一个绩效考核指标体系，但部门内每位员工绩效考核指标的数据不公开，所以也不知道其他人的绩效考核情况。我认为企业在绩效考核这方面还存在很多不合理的地方，感觉不是很公平，普通员工对于绩效考核是怎样进行的都不太清楚，也没有专业人员给我们解释。

【个案3-30】王某：1996年出生，在本单位工作4年。

我所在的这家高新技术企业采用的是360度绩效考核，我感觉这种"高大上"的绩效考核工具不太适合所有员工，这个绩效考核工具并不能考核出我对企业所做的实际贡献。我认为企业应该针对不同岗位的员工使用不同的绩效考核工具，设置有针对性的绩效考核体系。

四、团队缺乏凝聚力

团队凝聚力已成为企业通用的激励模式，团队凝聚力中蕴含的优秀企业精神如同"灯塔"，引导员工向着企业的目标前进，并以一种无形的力量推动员工的行为。团队凝聚力具有强大的引力作用、激励作用，企业管理者通过运用团队激励，有助于培育以企业价值观为核心的企业文化，促进企业文化与生产经营活动的共生互动。对于企业而言，良好的团队精神一旦形成，就会如同"磁场"一样吸引、凝聚着员工，成为企业潜在的创造动力，给员工提供一种强有力的精神激励，使员工紧紧地团结在一起，万众一心、众志成城，为实现共同的目标而不断奋斗。在具有良好团队凝聚力的企业里工作，员工能够明显地感受到同事之间的相互尊重及领导对员工的支持，大家在工作中默契配合、相互鼓励、共同进步，这种激励效果能起到良好的示范作用，深刻影响着企业的每名员工。

研究者通过到山东省高新技术企业调研，发现很多高新技术企业的团队缺乏凝聚力，良好的团队精神激励机制尚未形成，没有发挥出对员工的激励作用。很多高新技术企业没有明确的团队精神、经营理念及广大员工认同的道德规范和行为准则。团队凝聚力的缺失严重影响"90后"知识型员工的工作行为，导致员工"士气"低落，工作态度差，遇到问题后只会不停地抱怨；员工对企业和管理者缺乏信任，职业道德和职业素养不高，不尊重领导，不团结同事；员工工作积极性不高，一些员工甚至抱着"能混一天是一天"的态度；团队缺乏凝聚力和执行力，遇到工作中的难题总是推三阻四，出现责任后总是相互指责，整个工作团队就如铁锈一般，迟钝无力，毫无活力；员工缺乏责任感、荣誉感、成就感、使命感、归属感。

在对"90后"知识型员工进行访谈时，研究者关于团队凝聚力方面设置的问题是："您喜欢在什么样的工作氛围中工作？现在的企业达到您的预期了吗？"

下面选取三位"90后"知识型员工关于此问题的回答。通过访谈记录，可以看出当前高新技术企业"90后"知识型员工对于团队凝聚力方面的看法。

【个案3-31】田某：1992年出生，女，在本单位工作8年。

我喜欢与人交往，喜欢在自由、平等、真诚的工作环境里工作，现在这家企业没有达到我的预期。我在这家单位工作八年了，对单位也有一定的感情，也是真心希望企业能够发展得越来越好。我刚入职这家企业时，感觉企业的工作氛围挺好的，部门内经常聚餐，我们还出去旅游过几次，年终也有丰富多彩的庆典活动。前两年单位换了新领导，这些活动明显少了很多，同事之间关系淡漠了，工作中也经常会出现一些负面情绪，团队也没什么凝聚力，我想这和现在不太和谐的工作氛围有一定的关系。

【个案3-32】刘某：1998年出生，男，在本单位工作2年。

我喜欢在融洽、目标一致、轻松愉悦的工作氛围中工作。我现在所就职的这家高新技术企业文化氛围较为淡薄，同事之间除了工作就没什么往来了。但在工作中大家都是比较投入的，有什么问题也是一起商量、一起解决，工作效率还是挺高的。我认为，如果领导能够创造更多的机会使同事之间深入接触、加深了解，会更有利于团队凝聚力的增强。总而言之，我认为现在企业的工作氛围并没有达到我的预期。

【个案3-33】张某：1998年出生，女，在本单位工作3年。

我相信每名员工都希望在一个充满生机活力、轻松愉快、其乐融融的工作氛围中工作，但现实是很少有企业真正做到这一点。我从小没受过什么挫折，找工作时特别担心工作中同事间的关系不融洽。幸运的是我所在的部门同事之间比较团结，我入职之初，工作中有什么问题同事都非常热情地帮助我，让我特别感动，我还和一个同事成为闺蜜。同事之间没有隔阂，没有矛盾，工作起来特别开心、顺心，工作效率也很高。我对企业的工作氛围还是比较满意的。

五、企业内部缺乏畅通高效的沟通机制

畅通高效的双向沟通，可以使管理者清楚地知道企业里发生的事情，获取关键信息，及时发现和解决危机，从而做出正确的决策；可以促进员工更加积极主动地投入企业的经营发展中，提高员工的参与意识。研究者在对山东省高新技术企业的调研中发现，当前很多企业管理者与"90后"知识型员工的沟通不够顺畅，企业缺乏畅通高效的沟通机制，具体表现在以下四个方面：

第一，管理者不尊重员工。每位员工都是独立的个体，特别是"90后"知识型员工，他们更有鲜明的思想和个性。一些高新技术企业管理者不懂得尊重下属，在和员工交流时会以一种贬低和轻蔑的方式说话，让员工感到不受尊重，因此员工不愿意向领导者袒露心声。

第二，领导者的倾听不足。倾听是获得员工信任的基础，是增进领导者与员工感情的桥梁。然而，一些高新技术企业领导者在与"90后"知识型员工沟通时，往往是自顾自地表达自己的观点，不顾及员工的感受，只是将自己的意见强加给员工，无法让员工真正接受自己的意见。这样的沟通方式不但没有任何效果，还会引起员工的强烈不满，使员工降低和领导沟通的积极性和主动性，甚至把沟通当作差事随意应付。

第三，信息反馈不到位。有效沟通的前提是领导者要意识到沟通是工作的一

部分，沟通之后的"跟进"不可缺少。只有在沟通之后做到及时的信息反馈才能说明前面的沟通是有效果的，是能对团队工作绩效的提升起到积极作用的。当前，很多高新技术企业的管理者忽视了信息反馈这一重要环节，对于在沟通中的紧急事项和重要事项的答复不及时，甚至消极处理，出现"只沟通、不反馈，只了解问题、不解决问题"的情形，这引起"90后"知识型员工的强烈不满。

第四，沟通中缺乏肢体语言。合理地运用肢体语言会有效增进沟通的效果，肢体语言的形式多种多样，如在与员工交流时，领导者亲切、友好的目光注视，适时地与员工握手，拍拍员工的肩膀等都属于肢体语言。这些领导者不经意间的肢体语言向员工传递的是领导的信任、支持、鼓励。在对高新技术企业"90后"知识型员工的访谈中研究者了解到，一些管理者在与员工沟通时常常会心不在焉，目光很少投向下属，表面上是在听下属讲话，但手头总是不闲着，一会儿看看电脑，一会儿打断下属谈话。长此以往，员工在和这样的领导进行沟通时便会力求言简意赅，把事情匆匆说完就找借口离开，沟通难以取得良好的效果。

在对"90后"知识型员工进行访谈时，研究者关于沟通方面设置了访谈问题："在工作中您的上级领导经常与您沟通吗？这种沟通有助于您工作积极性的提高吗？"下面选取两位"90后"知识型员工对此问题的回答，从这两位员工的回答中可以看出高新技术企业领导者与员工之间存在一些沟通方面的问题。

【个案3-34】赵某：1996 年出生，女，本科。

在工作中上级领导很少和我沟通，一般都是领导让我们做什么我们就做什么，即便心里有什么意见和怨言也不敢说出来，有什么不满意最多就是私底下议论一下。我非常渴望我的上级领导能够主动和我交流，这样有什么想法可以当面和领导说，也能够让领导了解自己的工作情况。通过沟通，领导如果能直接解决工作中遇到的问题，我的工作干劲就更足了。但现在的情况是领导不主动沟通，仅是开会布置工作任务，或者大家有什么工作上的事情去请示领导，感觉就是一种非常严格的上下级工作关系。时间长了，自己即便心里有什么想法也不愿意说了，感觉说了也没用，总觉得领导哪里会真正听我们员工的意见啊。

【个案3-35】刘某：1994 年出生，男，研究生。

我工作的时间不长，上学期间我经常和老师沟通交流，师生关系就像朋友一样。工作后，到了这家高新技术企业从事技术研发工作，我和上级领导交流的话题仅限于工作，感觉领导不太关心我的个人生活。因为我家是外地的，在这个城市也没什么朋友，我很渴望领导多关心关心我的个人生活，但领导从来都不和我聊这方面的话题。我感觉领导关心的就是他安排的工作任务是否被按时完成，或者我能否在工作上给他提供帮助。我对这一点还是挺失望的，我希望能够在充满人文关怀的单位里工作。据我所知，我们领导不光对我这样，对那些工作时间比较长的同事也一样，大家也都习惯了。其实我觉得工作和生活并不是完全对立的，领导多关心我们的生活，使我们有机会和领导畅所欲言，建立和维护好领导和员工之间的关系，那对工作也是一种积极的促进。

六、"90后"知识型员工自身的原因

前面的分析主要是站在企业和管理者的角度进行的，实际上，"90后"知识型员工的自身原因也会对激励效果产生重要影响，这种影响体现在以下三个方面：

第一，成就动机。具有较高成就动机的"90后"知识型员工更加注重工作效率，他们追求事物的完美。成就动机受到员工自身特点、对成功的追求程度、自我实现愿望等因素的影响。在员工所处的经济、文化、社会等因素差异不大的情况下，员工的成就动机便取决于企业管理者对于微观因素的关注和调动程度。例如，处于同一家企业的员工，如果企业能够结合员工自身特点，给员工提供良好的发展平台，使其有机会体会到成功的喜悦，那么员工的工作积极性就会更容易被激发出来。

第二，自我效能感。自我效能感的作用体现在：在一定程度上决定了人们对所从事活动的选择及对选择活动的坚持程度；影响人们以什么样的态度面对工作生活中出现的困难；影响对新行为的获得能力和习得能力；影响人们在从事各种活动时所表现出来的情绪。如果员工具有良好的自我效能感，那么员工就会认为自己承担工作、完成工作的能力较强，其便会在工作中表现出积极、主动、进取的工作态度；相反，如果员工的自我效能感比较低，那么员工就会认为自己工作能力较差，无法胜任工作，那么必然就会对工作产生消极情绪，甚至抵制反抗工作，其工作积极性必然也将大打折扣。作为管理者应该想方设法激发"90后"知识型员工的自我效能感，提高"90后"知识型员工的工作积极性。

第三，自我激励。自我激励是指员工在不受外力影响的情况下自我调适。

员工进行自我激励的方法包括：寻求挑战、与乐观积极的人交朋友、增强自信等。通过寻求挑战，可以使员工远离舒适圈，使自己变得越来越强大，对于上进心强的员工而言，不断寻求挑战是激励自己前进的良好方法；对于上进心不足的员工，尝试挑战自我也是改善现状的一剂良药。另外，每个人都不可避免地受到环境的影响，通过与乐观积极的人交朋友，就会潜移默化地受到他们的影响，使自己变得更加坚强、乐观、豁达。进行自我激励的另外一种好方法就是直面困难、增强自信、永不言败，要相信自己没有解决不了的问题，没有克服不了的困难，只要心中认准了目标，朝着目标勇往直前，就一定能够到达成功的彼岸。

与其他年龄层次的员工相比较而言，"90后"知识型员工具有思维跳跃性强、善于挑战、乐观开朗、积极上进等特点。在经济全球化发展的今天，他们普遍具有全球化视野、良好的适应能力和信息技术能力、较强的沟通和交流能力。此外，"90后"知识型员工受教育程度普遍较高，但也具有职业观念多变、缺乏忠诚度、不能吃苦、承受挫折能力差等缺点。在当前物质充裕、信息发达、价值多元化的社会中，"90后"知识型员工具有明显的高度成就导向、自我导向、注重工作乐趣等特点。这些特点使"90后"知识型员工在工作中表现出一些其他年龄群体不可比拟的优点，同时也在一定程度上造成了管理上的难度。有些"90后"知识型员工，由于所承担的工作具有一定的复杂性，使他们有时不愿意承担工作责任；对一些难度较高、挑战性较强的工作项目甚至选择主动放弃，缺乏挑战自我的勇气。

在调研中研究者发现，即使高新技术企业为"90后"知识型员工提供了各种激励措施，包括较高的物质报酬、良好的职业发展空间和晋升途径，仍然会有一部分"90后"知识型员工对工作现状不满意，故意找借口离职。对于一些缺乏上进心和创新性、不愿意承担工作责任、团队意识较差的"90后"知识型员工，即使企业提供了很好的激励措施，他们也不愿意积极工作，企业难以取得预期的激励效果。

研究者关于"90后"知识型员工自身因素对激励所产生的影响方面设置了两个访谈问题，第一个问题是："您每天的工作时间是怎样安排的？工作自主性强吗？"第二个问题是："您对自己的职业生涯发展是如何规划的？"下面选取了三位"90后"知识型员工对这两个问题的回答。

【个案3-36】葛某：1996年出生，女，专科。

我每天工作时间的安排还是挺紧张的，企业的日常工作事务都忙不过来，基本上一工作起来就是一上午或者一下午。工作中我自己也没有什么自主性，一般就是领导布置什么工作任务我就干什么。我的学历层次比较低，这份工作的收入也还可以，我是挺知足的。我对自己的职业生涯也没有什么规划，走一步看一步吧。如果在工作中能够得到一定的晋升那是最好的，没有也无所谓。我对工作环境等没有太高的要求，干好自己的本职工作就行。

【个案3-37】袁某：1991年出生，女，本科。

我每天的工作时间很紧凑，一到公司基本就是处理各种工作事务，感觉还是很充实的。我工作将近10年了，领导也很信任我，所以我认为自己在工作中还是有一定的自主性的。在我的能力范围内，我也愿意为其他同事分忧解难，同事之间相处还是比较融洽的。我对自己的职业生涯发展规划也有一定的想法，主要是想趁着年轻，能多干点就多干点，要是能在自己的业务领域做出一番事业也是很有成就感的。至于能不能得偿所愿，我也不强求。我认为每个阶段有每个阶段的任务，像我们"90后"也可以说是单位的主力了，还是应该把精力多放在工作上。

【个案3-38】任某：1993年出生，男，本科。

我是一个计划性很强的人，每周末基本都会把下一周的工作任务和时间安排规划好，工作中再根据实际情况加以调整。我觉得自己的工作能力挺强的，但是在工作中没什么自主性。领导凡事都亲力亲为，我觉得自己没有施展才华的平台，即使领导错了也不敢发表意见。我原本明确规划了自己的职业生涯，但这几年由于在企业发展得不是很好，感觉也没什么动力了。

七、企业战略规划的缺失

战略规划考虑的是企业的长期发展方向，关注的是企业的整体发展，从根本上决定着企业的未来发展和前途命运。如果战略规划得当，那么企业就会实现目标；如果战略规划不合适，那么企业就会遭遇困难，甚至破产倒闭。

对员工的激励事关企业的长远发展，应该列入高新技术企业的战略规划中。其主要原因是：企业要想获得发展，不仅要吸引员工加入企业，还要通过激励使他们留在企业；在分工与合作的前提下，员工必须做好本职工作，而这离不开员工的工作积极性；员工在工作中需要具备创造性和革新精神，如果不对员工进行充分的激励，就无法真正激发员工的创新性。由此可见，员工的激励问题是关系企业长期发展的战略性问题，企业管理者必须站在战略的高度加以考虑，包括激励制度的制定、机制措施的实施、激励体系的设置等方面。只有从战略的角度来考虑激励问题，才能抓住激励问题的本质和核心，制定出"标本兼治"的激励措施。否则，企业对员工的激励问题就只能停留在表面，无法找到激励要解决的本质问题。

当前一些高新技术企业，特别是中小型高新技术企业，领导者对于激励问题缺乏战略眼光，并没有把员工激励问题列入企业的战略规划中，大多数只是制定一些简单的激励措施，没有对激励问题进行全面规划。这些问题体现在：激励形式单一、激励缺乏时间安排、激励没有灵活性、激励措施合力不强等。战略规划方面的缺乏导致员工在工作中的执行力不足，缺乏上进心，也导致管理者无法找到激励问题的解决途径。战略规划不到位反映出高新技术企业管理者对员工激励问题的忽视，也反映出企业以人为本文化营造的缺失，使企业在长期的发展中缺乏"人"的有力支撑，也注定了企业逐渐走向衰败的局面。

研究者在关于企业战略规划对"90 后"知识型员工激励影响方面设置的访谈问题是："您认为企业领导者对激励问题重视吗？领导者是否把对员工的激励作为企业的重要战略规划来执行？"

【个案 3-39】刘某：1992 年出生，女，本科。

我感觉企业领导者对激励问题不是很看重，领导者看重的是利润率、销售额、生产量等一些效益指标。主管领导在给我们开会时，较多的也是讨论我们团队的业绩水平怎么提升，但是并没有认真分析影响员工绩效水平的真正原因。据我所知，企业在对员工的激励方面有很多明文的规定，但在具体的执行过程中基本形同虚设。这也说明领导并没有把员工的激励问题作为企业的重要战略规划来执行，导致激励缺乏体系性，甚至在一定程度上存在敷衍的情况，员工也大多是敢怒不敢言。我有时候会觉得领导只是把我们当成"赚钱的机器"，只关心我们能否给企业带来利益，几乎从不关注我们个人在工作中的感受及内心真正的需求，时间久了，这种做法难免让员工心寒，慢慢地也就丧失了工作的主动性。

八、企业有形资源的缺乏

员工激励问题是事关企业长期发展的根本性问题，不仅关系到企业各项经营业务能否顺利达成，而且直接影响企业绩效的高低。在一些高新技术企业中，由于企业自有资金的限制和外来资金的缺乏，加之企业还要将大量资金投入到科技研发、市场开拓、产品推广中，因此一些中小型高新技术企业用于员工激励方面的资源便非常有限。这就出现了一个问题：面对数量众多的员工群体，如何能够在企业资源有限的情况下，实现对员工最大限度的激励，达到最佳的激励效果？这个问题是企业人力资源管理中的核心问题，也是高新技术企业管理者不得不面对的重要问题。

把有限的资源合理配置好，不仅可以使有限的资源得到充分利用，还可以发挥出"1+1＞2"的激励效果。企业要重视对员工的激励，使其获得良好的发展机会，从而带动企业各个部门的良性发展；资源配置不合理，则会导致部门的工作任务分工不明确，使员工的心态失衡，员工之间互相攀比，影响员工价值的实现。此外，资源配置不合理也会导致管理者威信尽失，使企业的各项工作处于混乱状态，员工的自身需求不能被满足，员工与管理者之间、员工与员工之间互相指责，矛盾激化，严重影响团队的执行力。因此，对于高新技术企业管理者而言，要考虑的一个重要问题就是：在企业资源有限的情况下，应该重点激励谁？企业是应对全体员工实行统一的激励举措，还是根据领导的偏好对特定员工或群体施行激励，抑或结合员工的需求，激励那些需要激励的员工。

研究者关于企业资源情况对"90后"知识型员工激励影响方面设置的访谈问题是："您认为在激励员工方面企业的资源分配情况如何？资源分配状况对员工激励有什么影响？"

【个案3-40】赵某：1996年出生，男，专科。

我所在的是一家专门从事新能源与节能方面的高新技术企业，这家企业在当地是一家小型企业。我感觉企业在激励员工方面资源分配得不太均衡，这可能与企业自身资金不足有关。企业把资金用于研究开发、市场拓展中，对员工激励投入严重不足。我认为企业激励制度要想取得成效，必要的资源投入是最基础的保证，因为不论是对员工的培训还是对员工的物质激励都离不开资金的支持。我认为不管是大型企业还是小型企业，不管企业资源状况如何，都必须从目前的资源中分出一部分专门用于员工激励，让员工感受到企业对自身发展的重视。

九、企业对外部环境的分析不到位

外部环境对于企业运营有着深远的影响。企业绩效的好坏不仅受自身努力程度的影响，也受到外部环境的制约。高新技术企业的发展对国家科技水平的发展和经济水平的提高具有重要作用，同时也应该看到当前很多高新技术企业在发展中还面临着严峻的外部环境问题，如融资环境"难"、市场环境"新"、竞争对手"强"等。

第一，融资环境"难"。融资问题对高新技术企业的发展具有重要作用，能够帮助企业获得稳定的资金来源，弥补企业日常经营资金缺口，助力企业发展壮大，提升综合竞争力。高新技术企业需要大量的资金开展各项业务，然而很多企业自有资金是有限的，这就需要到银行融资。但是由于高新技术企业具有较高的风险性，使得其在申请银行贷款时经常面临各种困难，即使政府提供了一定的担保或贴息，能够获得贷款的企业也少之又少。资金的缺乏使得企业发展受限，甚至举步维艰，对员工的激励问题自然会受到很大的限制。

第二，市场环境"新"。与其他类型的企业相比，高新技术企业紧跟技术发展的潮流，走在产品创新的前列，对产品和服务的适应性更强。这使高新技术企业拥有更广阔的发展空间，更能获得消费者的认可。但是这种"新"的市场环境对高新技术企业提出了更高的要求，使得企业面临各种"难题"，如消费者对高科技产品的需求越来越多样化，使得企业只有不断创新产品才能满足消费者的需求。另外，现代社会产品的品种日益丰富，消费者的转换成本逐渐降低，高新技术企业只有紧跟行业发展前沿，不断研发出功能齐全、科技含量更高的产品才能不被市场淘汰，获得长远的发展。从这些方面我们可以看出，高新技术企业管理者必须深入分析外部环境的变化对企业发展提出的新要求，要迎难而上、改革创新、适应环境、迎接挑战，并采取有针对性的措施，这样才能使企业在发展中立于不败之地。

第三，竞争对手"强"。企业要发展，就必须对竞争对手进行全面的分析，包括竞争对手的未来目标、当前战略、竞争优势、适应能力等方面。高新技术企业由于所处行业的特点，使其面临众多实力强劲的竞争对手，稍不留意就会被竞争对手赶超。因此，高新技术企业管理者必须树立危机意识，利用市场信号对竞争对手进行分析，了解竞争对手的战略意图和市场变化信息。通过关注竞争对手的年度报告、新闻发布会，以及互联网上有关竞争对手的各种信息，制定出有效的应对策略。

总之，随着科技的发展、知识生命周期的缩短，高新技术企业迫切需要大量的资金进行研发投入和成果转化，因此需要借助金融机构拓展融资渠道来满足融资需求。另外，高新技术企业面临越来越严峻的市场竞争环境，需要充分了解竞争对手的竞争战略，这样才有可能战胜竞争对手。调研发现，一些高新技术企业管理者对企业所面临的外部环境不够关注，对外部环境的变化分析不到位，不能深刻理解融资"难"问题对于企业长期发展所形成的障碍，不能做到提前应对，这导致企业在发展中随时可能出现资金链断裂的危险；没有认识到市场环境"新"对企业创新产品形式、科技水平提出了更高的要求，不能适应市场环境的变化，导致企业止步不前；一些高新技术企业在发展中过于轻敌，忽视了竞争对手"强"对自身发展的重要影响，导致企业在行业中逐渐失去竞争优势，最终被行业淘汰。

第五节　本章小结

第一，本章总结了高新技术企业的特征和"90后"知识型员工的特征。高新技术企业的特征体现在：企业人力资源的主体是知识型员工；面临严峻的市场竞争环境；投入高，风险大；知识是高新技术企业最关键的资源；组织结构的柔性化。"90后"知识型员工的特征体现在：学习能力强，酷爱创新；追求自我实现；以自我为中心，追求工作环境的"非主流性"；心理素质较弱，抗挫败能力差；忠诚度较低，员工流动性强。

第二，本章在对高新技术企业的特征和"90后"知识型员工的特征进行分析的基础上，结合前期对高新技术企业"90后"知识型员工及管理人员的访谈，深入分析了高新技术企业对"90后"知识型员工激励存在的主要问题，其中包括激励体系不完善、激励机制不合理、缺乏系统完善的培训体系、物质激励没效果、重物质激励轻精神激励、激励方式组合不合理、领导者对"90后"知识型员工的信任不足、"90后"知识型员工的职业发展空间受限、部分高新技术企业管理方式陈旧等方面。研究者加入了对部分"90后"知识型员工和管理者的访谈案例，通过设计相关的访谈问题，加入对访谈案例的描述，更能使读者认识到提高"90后"知识型员工工作积极性的必要性和迫切性。

第三，本章从激励制度的制定脱离员工需求、企业管理者缺乏正确的经营理念、对"90后"知识型员工的绩效考核不合理、团队缺乏凝聚力、企业内部缺乏畅通高效的沟通机制、"90后"知识型员工自身的原因、企业战略规划的缺失、企业有形资源的缺乏、企业对外部环境的分析不到位等方面详细分析了高新技术企业对"90后"知识型员工激励存在问题的主要原因。在对主要原因进行分析的过程中，同样加入了对"90后"知识型员工的访谈案例，理论分析和案例分析相结合有助于全面了解高新技术企业在"90后"知识型员工激励中存在问题的主要原因，为激励模型的构建和激励对策的提出提供参考。

第四章　高新技术企业"90后"知识型员工激励要素的提取和模型构建

第一节　高新技术企业"90后"知识型员工激励调研过程

一、问卷的设计

结合前期对管理层和"90后"知识型员工的访谈资料，初步设置了高新技术企业"90后"知识型员工激励状况调查问卷。问卷初稿设计出来后，经过不断的修改和完善，并请人力资源管理领域的专家对调查问卷的合理性和有效性进行论证，最后形成了正式的调查问卷（见附录C）。调查问卷内容包括两部分：第一部分为"90后"知识型员工的一些基本信息及在工作中的激励感知情况，第二部分是对高新技术企业"90后"知识型员工激励影响因素的调查。在题项的设计中，分别从物质基础、职业发展、人际关系、制度支撑、环境支持五个方面设计了高新技术企业"90后"知识型员工激励情况的有关题项，并为中介变量（员工敬业度）、调节变量（工作能力、组织战略）、因变量（组织绩效）设计了相关题项。

为了保证调查问卷的有效性，研究者所设计的每个题项都十分清楚明白，避免被调查者对所设问题产生疑问。题项的设计力求做到全面、精简，在获取有效信息的同时又避免了被调查者在填制问卷时产生疲劳感。此外,研究者注重问卷调查过程中的专业性,调查者在与被调查者交谈时不出现任何带有暗示性的语言,也不强调任何问题,对于被调查者不懂的问题也仅是使用通俗易懂的句子进行解释,确保了被调查者能够完全按照个人意愿填制调查问卷。

二、数据的收集

本次调研主要面向山东省30余家高新技术企业,涉及信息技术、电子技术、生物技术、新能源与新材料技术等多个高新技术领域。采用实地调研和网络调研两种调研方式。对于泰安、济南、淄博的企业主要采用实地调研的方式,共发放调查问卷300余份,回收调查问卷278份。网络调查主要通过微信、邮箱等方式展开。在网络调查中,调研者和企业管理人员及时沟通,确保在短时间内就可以将发放的调查问卷收回,大大提高了工作效率。研究者使用网络发放调查问卷200余份,回收调查问卷175份。通过两种方式共回收调查问卷453份,剔除无效问卷后,最终选取有效问卷438份。

三、样本的基本信息

样本基本信息见表4-1。

表4-1 样本基本信息

项目	类别	数量(人)	分布比例(%)
性别	男	252	57.5
	女	186	42.5
年龄	21~25岁	152	34.7
	26~31岁	286	65.3
学历	高中及以下	13	3.0
	大学专科	60	13.7
	大学本科	206	47.0
	硕士研究生	112	25.6
	博士研究生	47	10.7

续表

项目	类别	数量（人）	分布比例（%）
岗位	普通员工	198	45.2
	基层管理人员	155	35.4
	中层管理人员	80	18.3
	高层管理人员	5	1.1
工作年限	2年及以下	75	17.1
	3~5年	179	40.9
	6~10年	117	26.7
	10年以上	67	15.3
年薪	5万元及以下	89	20.3
	6万~10万元	176	40.2
	11万~15万元	117	26.7
	15万元以上	56	12.8

根据表4-1可以看出，在438名被调查者中，男性所占的比例较高，为57.5%；被调查者的年龄大多在26~31岁，所占比例为65.3%；就学历而言，首先是大学本科所占比重最高，为47.0%，其次是硕士研究生，所占比例为25.6%；大多数被调查者为普通员工，占比达到45.2%；40.9%的被调查者工作年限在3~5年，26.7%的被调查者工作年限在6~10年；年薪在6万~10万元的被调查者所占比重最高，为40.2%。

第二节　数据的描述性统计结果

一、单项选择题的描述性统计结果

1. "90后"知识型员工激励感知状况

由图4-1可知，3.9%的"90后"知识型员工表示自己在工作中"没有积极性"，25.4%的"90后"知识型员工表示自己在工作中"积极性较低"，39.2%

的"90后"知识型员工表示自己在工作中"积极性一般",三者的总和高达68.5%;认为"积极性很高"和"积极性较高"的"90后"知识型员工分别为11.2%和20.3%,总和占比仅为31.5%。以上调查数据说明,当前高新技术企业"90后"知识型员工的激励感知程度普遍偏低,工作积极性没有得到很好的发挥。这就要求高新技术企业结合"90后"知识型员工的特点采取切实有效的激励措施,从根本上改善员工工作积极性偏低的现状。

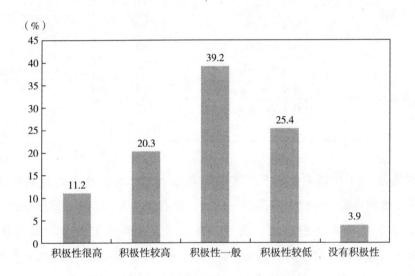

图4-1 "90后"知识型员工激励感知状况

在"90后"知识型员工激励感知情况方面,研究者设置两个关于管理层的访谈问题,第一个问题是:"您所在的部门'90后'知识型员工的工作积极性总体如何?"第二个问题是:"您认为激励在调动'90后'知识型员工的工作积极性方面作用如何?"下面选取了两位管理者对这两个问题的回答。

【个案4-1】王某:部门经理。

我这个部门主要负责技术研发工作,总体而言,我感觉"90后"知识型员工的工作积极性较高,体现了他们这个年龄阶段该有的勇气和担当。我认为这与企业所采取的良好的激励制度是分不开的。据我所知,我们企业是较早制定专门针对"90后"知识型员工激励体系的企业,我也全程参与了整个激励体系的设置过程。当时我们与企业内的大多数"90后"知识型员工进行了详细的面谈，切实了解他们的需求，征求他们的意见。我认为在这样的基础上制定的激励制度在调动"90后"知识型员工的工作积极性方面发挥了很大的作用。

【个案4-2】孙某：部门经理。

我所在的部门员工的工作积极性不是很高，我作为部门经理也很无奈，也在想方设法提高员工的工作积极性，但一直没有取得明显的成效。我认为激励是提高员工工作积极性的有效方式，运用得好便能激发员工的工作热情，运用得不好则会造成企业资源的浪费。但是激励措施要真正发挥出作用还取决于很多因素的影响，如高层领导的支持、员工的配合、企业良好的氛围等。目前我所在的部门制定了针对"90后"知识型员工的激励措施，但我认为这些措施并没有达到预期的效果，我也正在从多方面分析原因，调整激励措施，希望激励效果能有所改善。

2. "90后"知识型员工自身能力发挥程度

研究者在调查问卷中设置了题项"您认为在目前工作中您发挥了多少的能力？"通过对数据进行统计分析得出图4-2的结果。由图4-2可知，7.2%的被调查者认为自身能力的发挥程度在30%及以下，45.3的被调查者认为自身能力的发挥程度在31%~50%，两者的总和为52.5%。另外，30.8%的被调查者认为自身

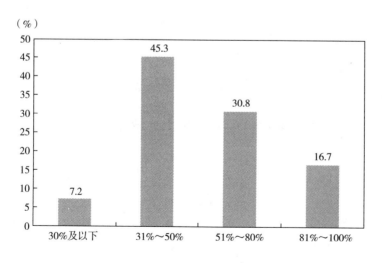

图4-2　"90后"知识型员工自身能力发挥程度

能力的发挥程度在51%~80%，仅有16.7%的被调查者认为自身能力的发挥在81%~100%。以上调查结果表明，一半以上的被调查者认为自身能力的发挥程度不到50%。这在一定程度上反映出，高新技术企业激励措施不到位极大地限制了"90后"知识型员工自身能力的发挥。

3. 影响"90后"知识型员工工作积极性的因素排序情况

研究者在调查问卷中设计了题项"请将下列影响工作积极性的各因素按照您所认为的重要程度进行排序（从最重要到最不重要）"。在对调查数据进行统计分析时，将被调查者认为最重要的因素设置为10，依次类推；随着影响因素重要性的降低，分数逐步递减。通过对各影响因素求平均值，本书以平均值的大小来表示各因素的重要程度，平均值越高则表示该影响因素的重要程度越高。数据的统计分析结果如图4-3所示。

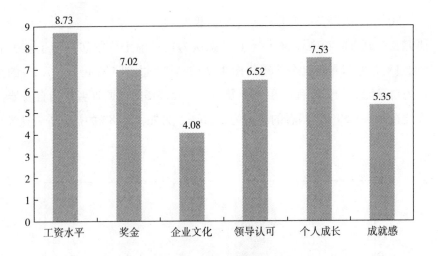

图4-3　影响"90后"知识型员工积极性的各因素排序情况

由图4-3可知，首先是得分最高的为工资水平，平均值为8.73；其次是个人成长，平均值为7.53；排在第三位的为奖金，平均值为7.02。根据以上数据可以看出，当前高新技术企业"90后"知识型员工对工资、奖金等物质报酬很重视。另外，调查结果显示，"90后"知识型员工对个人成长、领导认可等因素也较为重视。这就要求高新技术企业在满足"90后"知识型员工物质需求的基础上也要注重精神激励，使员工获得精神上的满足。

在对"90后"知识型员工进行访谈时，研究者设置了以下问题："您认为当前影响您工作积极性发挥的主要因素有哪些？"下面选取三位"90后"知识型员工关于这个问题的回答。

【个案4-3】张某：1992年出生，女，本科。

我在这家高新技术企业已经工作7年了，从一开始的干劲十足到现在的没什么工作热情。其主要原因是这两年工资收入没怎么提高，加班加点倒是多了不少。我家里有两个孩子，还有三个老人，生活压力还是挺大的。我现在的工作倒是不累，但就是工资收入有点低。刚工作时感觉这个收入还行，但这两年工资基本不涨，同行业的其他企业工资涨了不少，所以我现在对企业挺有意见的。我对工资水平还是挺看重的，认为工资收入的高低是影响员工工作积极性的最重要因素。

【个案4-4】马某：1994年出生，男，研究生。

我认为影响我工作积极性的最主要因素是个人成长。虽然我现在所就职的高新技术企业不大，但当时就是因为听说领导对人才非常重视才来这家企业应聘的。从这几年的工作情况来看，我在我们部门算是业绩比较突出的，工资也上涨了不少，年底也有一笔丰厚的奖金，但就是一直没有得到晋升的机会，可能领导还是觉得我比较年轻，需要进一步在工作中历练吧。我想如果我能获得个人成长的机会，那么我现在的工作状态应该会更好。

【个案4-5】李某：1999年出生，男，专科。

对我而言，我认为影响工作积极性的一个非常重要的因素是同事之间的关系。我是一个喜欢热闹、交朋友的人，我认为如果同事之间斤斤计较、相互算计，那工作就没法开展下去了。我现在所在的工作团队中大多数同事之间的关系非常好，我们在工作上是伙伴，在生活中是朋友。虽然我的工资水平不高，但目前我并不想离开这家企业，我认为愉快的工作氛围非常重要。我希望同事之间的这种关系能够持续下去。另外，我也特别希望领导能够多关心一下员工，这种关心不能仅停留在口头上，还应该体现在行动上，让员工心里觉得温暖，这样才会激发员工的工作干劲。

4. "90后"知识型员工对企业使命及愿景的认同情况

为了了解"90后"知识型员工对于企业使命及愿景的认同情况，研究者在调查问卷中设计了题项"您对企业的使命及愿景认同吗？"数据的统计分析结果见图4-4。

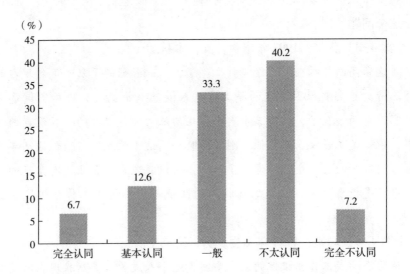

图4-4 "90后"知识型员工对企业使命及愿景的认同情况

图4-4显示，仅有6.7%的"90后"知识型员工对于企业的使命及愿景表示"完全认同"，12.6%的被调查者表示"基本认同"，40.2%的"90后"知识型员工对企业的使命及愿景"不太认同"，7.2%的被调查者表示"完全不认同"。企业的使命与愿景明确了企业的发展方向和发展目标，是制定企业战略的重要前提，也是企业战略行动的基础，表明了管理者对组织的志向和雄心，显示了管理层对企业发展的看法。规划完美、表达清晰的使命和愿景是组织长远发展的重要精神力量，有助于将企业全体员工引导到正确的发展路径中，进而建立起员工对组织的强烈认同感。

从图4-4显示的数据统计分析可知，当前在高新技术企业内，很多"90后"知识型员工并不认同企业的使命及愿景，这是员工工作积极性不高的主要原因。对企业使命及愿景的不认同导致"90后"知识型员工在工作中缺乏工作热情和工作斗志，始终处于一种消极被动的工作状态，严重影响了工作绩效的提升。

5. "90后"知识型员工对企业团队合作氛围的认可情况

员工需要依附于团队开展工作，团队的氛围可以表现出该团队是否具有凝聚力。轻松愉快、积极阳光的团队氛围能让员工喜欢这份工作，体会到工作的乐趣，减少员工在工作中的精神内耗，充分激发员工的工作积极性。研究者在调查问卷中设置了题项"您对企业的团队合作氛围满意吗？"调查结果见图4-5。

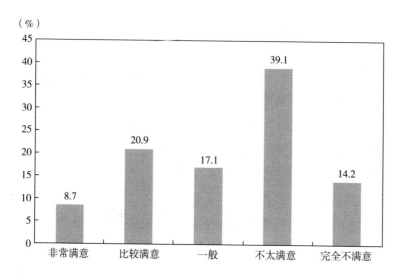

图4-5 "90后"知识型员工对企业团队合作氛围的认可情况

图4-5的调查结果显示，仅有8.7%的"90后"知识型员工对企业的团队合作氛围表示"非常满意"；表示"比较满意"的被调查者占20.9%；表示"一般"的被调查者占17.1%；39.1%的"90后"知识型员工对企业的团队合作氛围表示"不太满意"；表示"完全不满意"的被调查者所占比例为14.2%。"90后"知识型员工非常注重其在工作中是否开心、心情是否舒畅。他们不喜欢没有激情和挑战的工作，不喜欢死气沉沉的工作环境。根据调查结果我们可以看出，在团队合作氛围方面很多高新技术企业亟须改进，以消除"90后"知识型员工的不满。

在调查中，除了设置上述选择题，在对"90后"知识型员工进行访谈时，研究者还设计了工作团队方面的问题："您对目前自己所在的工作团队满意吗？工作团队对您工作效率的提高产生了怎样的影响？"下面选取两位"90后"知识型员工关于此问题的回答。通过两位"90后"知识型员工的回答，结合上述数据分析，可以更为全面地了解团队合作氛围对"90后"知识型员工工作积极性的影响。

【个案4-6】张某：1991年出生，研究生，在本单位工作3年。

我所在的团队主要进行技术研发方面的工作，我对我们团队还是比较满意的，团队的凝聚力也挺强的。当团队有紧急任务时，经理一声令下，大家都加班加点，争取高质量地完成工作任务。我们团队有6个人，其中4个人都是研究生，大家在价值理念上基本没有太大的偏差，所以比较容易达成一致意见。我认为团队的作用非常重要，利用好团队的力量能极大地提高工作效率。例如，有一次我在工作中遇到了一个难题，自己冥思苦想了两天也没什么进展，后来在团队会议上大家争相出谋划策，很快就想出了解决问题的办法。

【个案4-7】王某：1996年出生，专科，在本单位工作6年。

我所在的团队主要进行产品的营销策划工作，我对现在的工作团队不是很满意，感觉团队缺乏核心领导者，团队成员工作散漫，缺乏上进心。我认为一个优秀的团队必须要有一个核心领导人员，这个人能够把整个团队凝聚起来，使团队成员协调合作，这样才能取得工作成效。我觉得我现在所在的团队就是缺乏这样一位优秀的领导者，现在的团队领导人本身业务能力不强，也没什么责任心，有什么工作任务只知道往下分配，自己根本不起模范带头作用，所以团队成员的意见很大，大家也没什么工作积极性，工作效率低下。

6. "90后"知识型员工对企业晋升渠道的满意度情况

为了了解"90后"知识型员工对高新技术企业内部晋升渠道是否满意，研究者在调查问卷中设置了题项"您对企业的晋升渠道满意吗?"分析结果见图4-6。

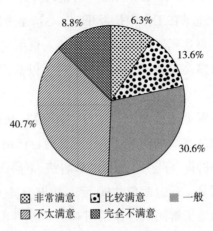

图4-6 "90后"知识型员工对企业晋升渠道的满意度情况

"90后"知识型员工对于企业的晋升渠道尤为重视，这可能与其群体特征有关，他们迫切地希望通过自己的努力能够在企业中得到晋升。高新技术企业只有提供顺畅的晋升渠道，才能使"90后"知识型员工看到发展的可能性，进而增强发展动力。可以说，良好的晋升渠道不仅是组织管理和员工激励的有效途径，更是留人用人的有效方法。图4-6的统计结果显示，仅有6.3%的被调查者对企业的晋升渠道表示"非常满意"，表示"比较满意"的被调查者所占比例也较低，仅为13.6%，大多数的被调查者认为企业的晋升渠道"一般"（30.6%），高达40.7%的被调查者对企业的晋升渠道表示"不太满意"。另外，还有8.8%的被调查者对企业的晋升渠道表示"完全不满意"。

由此可见，当前高新技术企业内大多数"90后"知识型员工对企业的晋升渠道不太满意，这直接影响了"90后"知识型员工对企业的归属感，以及员工工作积极性的发挥和工作绩效的提升，不利于对企业竞争优势的培育。对晋升渠道的不满意也是造成一部分"90后"知识型员工在工作中选择"躺平"的重要原因，因为看不到发展的希望，他们只能安于现状，这种得过且过的消极态度使整个团队工作的开展蒙上了一层阴影，企业也逐渐丧失了竞争优势。

7. 所从事的工作是否有意义

研究者在调查问卷中设置了题项"您觉得您现在从事的工作有意义吗？"图4-7的调查结果显示：仅有8.2%的被调查者认为目前所从事的工作"很有意义"，

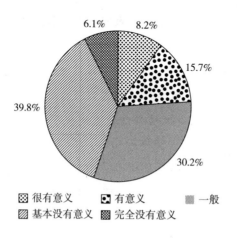

图4-7　"90后"知识型员工所从事的工作是否有意义

认为工作"有意义"的被调查者占 15.7%，大多数被调查者选择了"一般"这一选项（占比 30.2%）和"基本没有意义"这一选项（占比 39.8%）。另外，还有 6.1% 的被调查者认为自己所从事的工作"完全没有意义"。

调查数据的结果向我们展现了这样一个事实：虽然每位员工每天都在忙碌地工作着，但是真正能够从工作中体会到乐趣和价值的员工却少之又少。一份有意义的工作对员工而言意义重大，它能够从根本上激励和留住员工，增强员工的驱动力，为工作赋予意义，启发员工认识到工作的价值；有意义的工作能让员工学会把握机遇、获得发展，能够充实人生，丰富人生内涵，让人生变得更有意义；有意义的工作还能磨炼员工的灵魂，提升员工的心志，开阔员工的视野。因此，作为管理者而言，必须从工作本身出发，站在"90后"知识型员工的角度，通过采取一系列必要的措施使员工充分感受到工作的价值和意义。例如，努力营造良好的工作氛围，提供员工晋升的空间，加强与员工的情感交流，将工作与社会需求有效对接。这些方式都可以使"90后"知识型员工从不同角度感受到工作的意义，员工一旦切身感受到了工作的意义，就会在工作中竭尽所能，提高工作效率。

为了更加具体地了解"90后"知识型员工对于工作意义和工作价值的满意度情况，在对"90后"知识型员工进行访谈时，研究者设计了以下问题："作为'90后'知识型员工，您认为目前所从事的工作实现自身价值了吗？"下面选取两位"90后"知识型员工关于这个问题的回答。

【个案4-8】田某：1994 年出生，本科，在本单位工作 5 年。

我目前在这家高新技术企业主要从事业务拓展方面的工作，我感觉现在的工作没有实现我的自身价值。上学时我对工作还是充满憧憬的，总梦想着工作后能够干出一番大事业，能够让自己和家人扬眉吐气。但理想和现实真的是差距太大了，每天重复性的、毫无挑战性的工作让我迷失了方向，使我找不到奋斗的目标。刚开始工作的时候自己还是挺有干劲的，工作时间长了，单位里乱七八糟的事也分散了不少精力，感觉工作也就那样，自己的收入水平也是"比上不足，比下有余"。但心里总觉得缺点什么，我想可能就是缺少内心的满足感和成就感吧。

【个案4-9】李某：1996 年出生，专科，在本单位工作 5 年。

我在这家高新技术企业主要从事技术研发工作，我觉得现在的工作在一定程度上实现了我的自身价值。和同学相比，我的收入水平算是比较高的，周末、节假日也能正常休息，家庭、工作我都兼顾得很好。但有时候我也很失落，内心比较迷茫，看不到未来发展的方向，我觉得目前的工作缺乏挑战性。作为"90后"，我觉得我正处于人生中最好的时光，我喜欢迎难而上，希望获得别人的认可和赞赏，这样我才觉得工作有意义。

8. 工作积极性的发展趋势

为了了解高新技术企业"90后"知识型员工工作积极性情况，研究者在调查问卷中设计了题项"您认为您的工作积极性发展趋势如何?"调查结果见图4-8。仅有7.8%的被调查者认为自己的工作积极性处于"猛升"的状态，20.6%的被调查者认为自己的工作积极性"缓升"，17.6%的"90后"知识型员工认为自己的工作积极性处于"稳定"状态，高达44.9%的"90后"知识型员工认为自己的工作积极性处于"缓降"状态，还有9.1%的被调查者认为自己的工作积极性正在"猛降"。调查结果反映出，在所调研的高新技术企业中大多数"90后"知识型员工工作积极性发展趋势情况不容乐观。

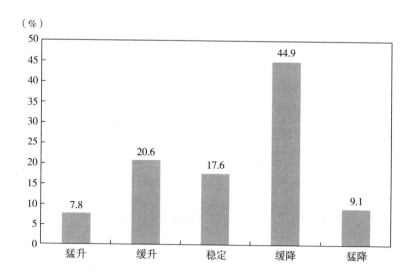

图4-8　"90后"知识型员工工作积极性的发展趋势

了解工作积极性的发展趋势有利于管理者从较长的一个时间段把握"90后"知识型员工工作积极性的变化，提前做好应对措施。这一调查结果提醒高新技术企业管理者：从长远来看，作为企业重要核心力量的"90后"知识型员工后劲不足,这将从根本上制约高新技术企业的长期发展,必须要引起管理者的高度重视。作为管理者,要具备较强的洞察能力,不仅要切实了解"90后"知识型员工当前的工作积极性情况,还要把握他们工作积极性的发展趋势,充分发挥员工的后发优势。当员工在工作中表现出惰性、懒散等消极行为时,及时采取措施予以纠正,使"90后"知识型员工的工作积极性始终"在线",为企业的长期发展积蓄能量。

9. 对企业民主管理状况的满意度

企业的民主管理情况对员工工作积极性的发挥具有重要影响,良好的民主管理状况能为员工创造和谐的工作环境,是激励员工的重要保障。为了了解"90后"知识型员工对高新技术企业的民主管理情况是否满意,研究者在调查问卷中设置了题项"您对企业的民主管理状况满意吗?"数据的分析结果如图4-9所示。

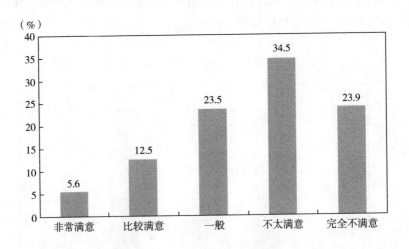

图4-9 "90后"知识型员工对企业民主管理状况的满意度

图4-9的数据显示,仅有5.6%的被调查者对企业的民主管理状况"非常满意",12.5%的被调查者表示"比较满意",34.5%的被调查者表示"不太满意",23.9%的被调查者表示"完全不满意",认为"一般"的被调查者所占比例为23.5%。"90后"知识型员工渴望健全的企业管理制度和以人为本的民主管理方式,他们希望获得认可和尊重。图4-9显示出当前在高新技术企业内,很多"90后"知识型员工对企业的民主管理状况并不满意,这严重影响了他们工作积极性

的发挥，需要企业管理者采取措施改变这一状况。

10. 对部门之间合作关系的满意度

为了了解"90后"知识型员工对部门之间合作关系的满意度情况，研究者在调查问卷中设置了题项"您对企业内部各部门之间的合作关系满意吗？"调查结果见图4-10。调查结果显示，10.2%的被调查者对企业部门之间的合作关系"非常满意"，23.1%的被调查者对部门之间的合作关系表示"比较满意"，持中立态度的被调查者所占比例为11.5%，33.4%的被调查者对部门之间的合作关系表示"不太满意"，表示"完全不满意"的被调查者所占比例为21.8%。这说明，当前高新技术企业中很多"90后"知识型员工对部门之间的合作关系不太满意，这是管理者急需改进的地方。

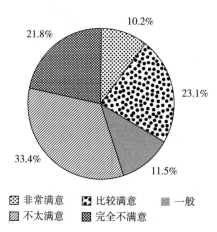

图4-10　"90后"知识型员工对部门之间合作关系的满意度

企业内部门之间的合作状况关系着每个人的切身利益，每个人都是企业的一分子，良好的部门协作关系有助于企业目标的顺利实现。部门之间的合作是否融洽直接影响企业的运行效率，做好部门之间的协助和配合对工作的开展有着非常重要的意义，有助于提高团队的凝聚力。因此，作为领导者一定要注重营造部门之间的合作氛围，让每个员工都有机会参与到部门活动中，只有这样，员工之间才能相互学习、取长补短，最终提高企业的整体核心竞争力。

11. 在企业能否感受到归属感

研究者在调查问卷中设置了题项"您在企业中能否感受到归属感？"调查结

果见图4-11。数据的统计分析结果显示,在参与调查的"90后"知识型员工中,仅有10.5%的被调查者认为在企业中"完全可以"感受到归属感,17.4%的被调查者表示"比较可以",表示"一般"的占被调查者总数的40.6%。另外,还有高达31.5%的被调查者认为在企业中"感受不到"归属感。根据对高新技术企业"90后"知识型员工进行调研所获得的数据,我们发现很多"90后"知识型员工在企业内归属感较差,这严重影响了其工作积极性的提高。

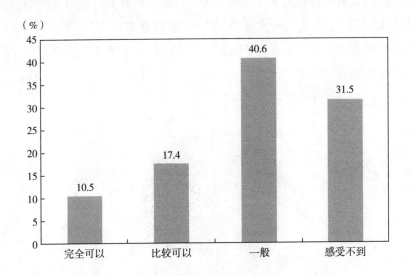

图4-11 "90后"知识型员工能否感受到归属感

归属感可以为员工提供必要的支持,高归属感的员工对企业的满意度也比较高,其在工作中表现为主动性强、投入度高、工作效率高;反之,低归属感的员工则在工作中主动性较差、投入度低、工作效率低。可以说,让员工获得归属感是企业凝聚人才、稳定人才、留住人才的重要手段。特别是当企业遇到经营发展困境时,归属感的作用就更加明显地体现出来了。那些高归属感的员工不会在企业经营困难时选择离开,而是会选择与企业共渡难关。只要能留住人才企业就有发展的希望,高新技术企业管理者要增强忧患意识,从外在措施保障和内在情感认同等方面重视对"90后"知识型员工归属感的培育。

12. 对工作环境和工作条件是否满意

为了了解"90后"知识型员工对高新技术企业的工作环境和工作条件是否

满意,研究者在调查问卷中设置了题项"您对现在的工作环境和工作条件满意吗?"调查结果见图4-12。调查数据显示,40.1%的被调查者对企业的工作环境和工作条件表示"不太满意",表示"完全不满意"的被调查者占20.8%,19.6%的被调查者持中立态度。另外,分别有8.3%和11.2%的"90后"知识型员工对高新技术企业的工作环境和工作条件表示"非常满意"和"比较满意"。

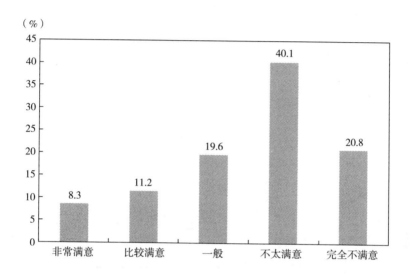

图4-12 "90后"知识型员工对工作环境和工作条件的满意度

员工满意度是衡量员工对所从事工作满意程度的重要指标,要想提高企业竞争力,就要提高员工的工作满意度。只有满意度高、幸福感强的员工才具有强烈的工作热情。工作满意度高的员工还能带动同事积极热情地工作,营造良好的团队氛围,在与外界交往时也会积极地宣传推广企业,有助于树立良好的企业形象。图4-12的调查数据显示,在高新技术企业内,很多"90后"知识型员工对工作环境和工作条件并不满意,这导致"90后"知识型员工对组织的忠诚度降低,进而提高了离职率并降低了工作绩效。

13. 薪酬制度与同行相比的优势性

研究者在调查问卷中设置了题项"您对企业的薪酬制度与同行企业相比的优势性是否满意?"数据的统计分析结果见图4-13。数据显示,高达44.5%的"90后"知识型员工对企业的薪酬制度"不太满意",认为本企业的薪酬制度与同行企业相比没有什么优势;10.3%的"90后"知识型员工对企业的薪酬制度"完全不满意";仅有6.7%的被调查者对企业的薪酬制度表示"非常满意",认为薪酬制度与同行企业相比具有明显的优势;16.2%的被调查者对企业的薪酬制度表示"比较满意";还有22.3%的被调查者持中立态度。

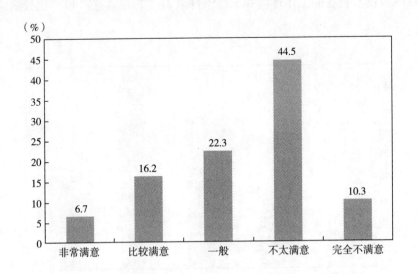

图4-13 薪酬制度与同行企业相比的优势性

企业在制定薪酬制度时,不仅要从企业内部出发关注不同岗位、不同层级员工薪酬待遇的公平性和差异性,还要着眼于整个行业环境,关注行业中其他企业的薪酬制度情况,想方设法提升企业在行业中的竞争优势。高新技术企业必须准确了解企业的薪酬制度与同行企业相比是否具有优势;要认识到如果企业的薪酬水平普遍偏低,则会导致员工积极性降低、企业缺乏竞争力、优秀人才的大量流失。根据对该题项调查结果的分析我们可以看出,在高新技术企业内,很多"90后"知识型员工认为企业的薪酬制度与同行企业相比没有什么优势,这是导致"90后"知识型员工流失的一个重要原因。

14. 对企业绩效考核制度合理性的满意度

研究者在调查问卷中设置了题项"您对现行绩效考核制度的合理性是否满意?"调查结果见图4-14。根据图4-14我们可以看出,17.1%的被调查者对企业绩效考核制度的合理性表示"非常满意",11.3%的被调查者表示"比较满意",20.6%的被调查者持中立态度,39.1%的"90后"知识型员工对企业绩效考核制度的合理性表示"不太满意",还有11.9%的被调查者对企业绩效考核制度的合理性表示"完全不满意"。

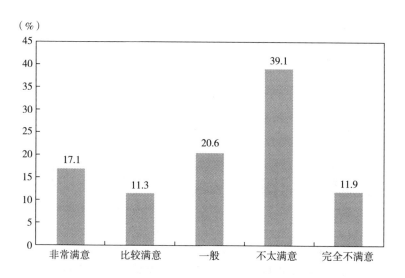

图 4-14 "90后"知识型员工对企业绩效考核制度的合理性的满意度

绩效考核制度是企业对员工进行绩效考核的依据,同时也是员工最为关注的内容。高新技术企业不仅应当做到绩效考核制度的完备性及公平公正性,还要关注绩效考核制度的执行情况。再完善的绩效考核制度如果不被执行,那么也将无法准确地对员工的绩效水平进行衡量。员工对企业绩效考核制度的满意度直接决定了员工工作积极性的发挥程度。调查结果显示出,大多数"90后"知识型员工对企业绩效考核制度的合理性不太满意,这说明高新技术企业绩效考核制度存在形同虚设、落实不到位、执行不力的情况。因此,高新技术企业管理者不仅应该关注绩效考核制度本身的科学性与规范性,还应该关注绩效考核制度的执行和落实情况。

15. 对企业培训情况的满意度

为了了解"90后"知识型员工对高新技术企业的培训情况是否满意,研究者在调查问卷中设置了题项"您对企业的培训情况是否满意?"数据统计结果见图4-15。调查结果显示,在所调研的高新技术企业中,大多数"90后"知识型员工对企业的培训情况"不太满意"（占34.5%），19.0%的被调查者表示"完全不满意"，23.1%的被调查者持中立态度，对企业的培训情况表示"非常满意"和"比较满意"的"90后"知识型员工分别占10.5%和12.9%。

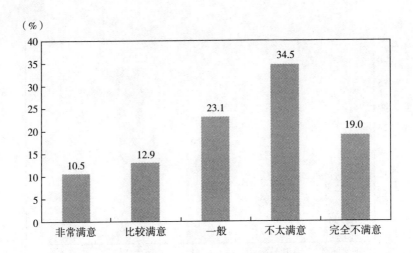

图4-15 "90后"知识型员工对企业培训情况的满意度

对于企业在经营发展中不断出现的各种问题，培训可以说是最直接、最迅速、最经济的解决方式。从员工的角度来说，通过系统化的培训，可以提升员工个人能力，提高员工与工作岗位的适配度。从企业的角度来看，培训是一种有价值的投资，培训的激励作用要远远大于企业在培训中的费用支出，培训可以有效提升企业竞争力、增强企业凝聚力、提升企业战斗力。特别是对于"90后"知识型员工，他们学习的主动性强，对于培训的需求旺盛，消化吸收新知识的能力强。因此，对于高新技术企业管理者而言，必须转变观点，重视对"90后"知识型员工的培训。通过提供形式多样、内容丰富的培训，满足员工对学习新知识、新技能的渴求，对提升自身综合素质的追求，为"90后"知识型员工学习先进的理论知识与实践技能提供充分的保障。

16. 与领导的交流沟通情况

为了高效、顺利地完成工作任务，员工除了与同事接触外，还要与领导沟通交流。为了了解高新技术企业"90后"知识型员工与上级领导的沟通交流情况是否顺畅，研究者在调查问卷中设置了题项"您对与企业领导的沟通交流情况是否满意?"调查结果见图4-16。

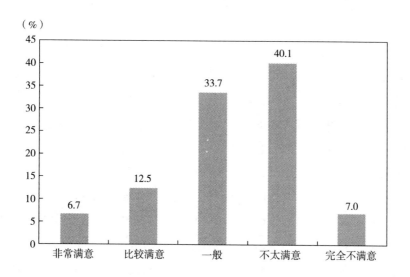

图4-16　"90后"知识型员工与领导的沟通交流情况

顺畅的交流沟通可以使员工感受到领导的尊重和理解,能够提高员工对领导的认可度,使员工更好地理解和执行领导的决策;可以使员工在交流中敞开心扉,使领导全面了解员工的工作状况和心理情况,及时发现员工在工作中存在的主要问题,让员工更加积极主动地工作。可以说,员工与领导之间良好的交流沟通在一定程度上可以让一切问题迎刃而解。

调查数据显示,当前高新技术企业领导者与"90后"知识型员工之间的沟通渠道很不顺畅。产生这个问题的主要原因有两个方面:一是"90后"知识型员工自身的问题,如畏惧心理。大多数"90后"知识型员工的防卫心理过强,恐惧在和领导的交流沟通中如果发表不当言论会使领导对自己产生偏见,影响自己的职业发展。由于对自己发展前途的担忧,很多"90后"知识型员工在和领导交流沟通时往往"报喜不报忧"。因此,企业如果没有建立能够充分保障员工利益的体系,那么上下级沟通往往是很难进行下去的,领导也很难通过沟通了解员工内心的真实想法。二是一些领导者在和"90后"知识型员工交流沟通时本末倒置,并没有将沟通作为了解问题、解决问题的重要方式,而是当成自己摆架子、立权威的重要时机。这些领导在和员工沟通时居高临下,而且总是想说服员工接受自己的观点。领导者必须清楚，沟通是一个平等的相互了解的过程，要想有效沟通必须坚持"求同存异"的原则，管理者要着力解决员工关心、关注的问题。

在与高新技术企业管理层进行访谈时，研究者设计了如下问题："作为领导，您经常与下属沟通交流吗？您认为与下属的沟通交流在提高员工工作积极性方面有什么作用？"下面选取三位管理者对这个问题的回答，有助于我们从管理者的角度了解沟通交流在提高"90后"知识型员工工作积极性方面的作用。

【个案4-10】王某：部门经理。

在与员工的交流沟通方面我觉得我做得还是比较好的。我们部门一般两个星期左右会举行一次部门内部会议，在会议上大家可以畅所欲言。通过部门会议我可以及时了解员工的近期工作计划、工作中存在的问题、最近的表现及改进的方向。我还比较重视与员工私下的交流沟通，这种沟通不同于工作中的交流沟通，主要是通过关心员工的生活增强与员工的感情。通过与部门内的"90后"知识型员工交流沟通，我也常常被他们追求上进、刻苦努力的精神所感动，员工对我很信任，也愿意把工作生活中的一些事情和我交流。作为部门经理，我认为通过与员工的交流沟通使员工之间的关系变得越来越和谐，员工工作也更加努力了。

【个案4-11】张某：部门经理。

在与员工的沟通交流方面我认为我做得还不是很好，主要是平时的工作太忙了，和员工之间的沟通交流也仅限于在部门会议上，当然也仅局限于工作中的交流。因此，我总感觉我和员工之间有较大的隔阂，无法走进彼此的内心。特别是"90后"知识型员工，他们年轻有活力，和我的年龄差距比较大，所以很少主动和我交流。我认为自己在这方面应该更加积极主动，多主动与员工交流，多了解"90后"员工在工作生活中遇到的实际问题，并用心给他们提供参考建议。我相信人都是有感情的，如果我在这方面改善一下，员工能够感受到我对他们的关心，他们也会改变自己。

17. 留在本单位的最主要原因

研究者在调查问卷中设置了题项"您认为吸引您留在本单位的最主要原因是什么？"数据的统计分析结果见图4-17。根据图4-17可知，20.2%的"90后"知识型员工认为自己留在单位的主要原因是"合理的薪酬福利"；13.1%的"90

后"知识型员工选择了"良好的人际关系";10.5%的被调查者选择了"良好的工作环境";选择"个人的职业发展机会"的被调查者所占比例最高,为30.4%。另外,还有13.2%的被调查者选择了"科学的绩效分配",12.6%的被调查者选择了"多样化的激励手段"。

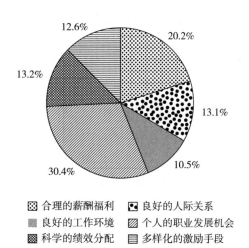

图4-17　"90后"知识型员工留在本单位的最主要原因

数据的统计分析结果显示,大多数"90后"知识型员工对高新技术企业能否提供良好的职业发展机会最为看重。这也充分体现出"90后"知识型员工的特点,与其他类型的员工相比,"90后"知识型员工对自己的职业发展空间非常看重。"90后"知识型员工对企业所提供的薪酬福利水平也比较看重,从激励的角度来看,员工的薪酬福利需求得到满足的程度越高,则薪酬对员工的激励作用也就越大。另外,"90后"知识型员工对企业良好的人际关系、良好的工作环境、科学的绩效分配、多样化的激励手段等因素也比较重视。

18. 薪酬水平与工作能力匹配情况

研究者在调查问卷中设置了题项"您现在获得的薪酬水平能反映出您的工作能力吗?"表4-2的数据统计结果显示,仅有8.6%的"90后"知识型员工认为获得的薪酬水平"完全可以"反映出自己的工作能力;12.5%的被调查者选择了"比较可以"这一选项;30.7%的被调查者选择了"一般"这一选项;高达48.2%的"90后"知识型员工认为获得的薪酬水平"完全不可以"反映其工作能力。

表4-2　薪酬水平与工作能力匹配情况

选项	百分比（%）
完全可以	8.6
比较可以	12.5
一般	30.7
完全不可以	48.2

以上统计结果反映出，高新技术企业"90后"知识型员工所获得的薪酬水平与其工作能力之间还存在较大的差距。薪酬水平与员工工作能力的匹配程度在很大程度上反映了薪酬制度的公平性。"90后"知识型员工对薪酬制度的公平性要求较高，那些在工作中能够获得满足感的"90后"知识型员工主要是由于其所付出的努力能够获得相应的回报。如果企业提供的薪酬水平能够很好地反映出员工的工作能力，那么员工就会更加努力工作，以期获得更高的薪酬收入。"90后"知识型员工对自身要求较高，他们不惧怕工作中的困难，但惧怕自己的辛苦得不到认可和回报。因此，高新技术企业管理者在制定薪酬水平时，必须将"90后"知识型员工的工作能力作为主要参考依据，使薪酬水平与其工作能力直接挂钩，促使"90后"知识型员工将主要精力放在提升工作能力和工作技能上。

19. 希望获得的激励方式

研究者在调查问卷中设置了题项"当您在工作中取得成绩时，您最希望获得哪种激励方式？"数据的统计结果见表4-3。根据表4-3我们发现，43.9%的"90后"知识型员工选择了"晋升激励"，36.2%的"90后"知识型员工选择了"物质激励"，选择"荣誉激励"和"培训激励"的"90后"知识型员工所占比例分别为13.4%和6.5%。

表4-3　希望获得的激励方式

选项	百分比（%）
物质激励	36.2
荣誉激励	13.4
晋升激励	43.9
培训激励	6.5

根据以上的统计分析结果我们可以看出，高新技术企业"90后"知识型员工对于晋升激励和物质激励这两种方式最为偏好。当"90后"知识型员工在工作中取得成绩时，及时给予他们职位晋升机会可以充分满足他们对成就的需求，也体现了领导对其工作成绩的充分肯定。领导者通过委以重任、给予晋升机会这样的激励方式往往最容易打动"90后"知识型员工的内心，激发起他们强烈的自我认同感。另外，在激励"90后"知识型员工中，提高工资水平、加大奖金激励等一些物质激励方式也是不容忽视的。物质激励具有改善员工生活条件、提高员工生活质量等作用，能使"90后"知识型员工获得实实在在的收益，也使他们为了改善自己的生活更加努力地工作。

20. 激励体系应该体现的因素

研究者在调查问卷中设置了题项"您认为企业在进行激励体系设计时，最应该体现出以下哪一点？"根据表4-4的调查结果我们可以看出，在外部竞争性、内部公平性、自我公平性、持续发展性四个选项中，51.2%的"90后"知识型员工选择了"内部公平性"，26.3%的"90后"知识型员工选择了"外部竞争性"，选择"自我公平性"和"持续发展性"的"90后"知识型员工所占比重分别为10.4%和12.1%。

表4-4　激励体系应该体现的因素

选项	百分比（%）
外部竞争性	26.3
内部公平性	51.2
自我公平性	10.4
持续发展性	12.1

以上统计数据反映出，大多数"90后"知识型员工认为企业在进行激励体系的设计时，应将内部公平性放在首位。这说明，"90后"知识型员工在评价企业激励体系时，主要与同事进行横向对比，如他们看重在相同工作岗位、具有相同工作年限的其他员工和自己所获得的激励方式是不是一样的，如果自己的工作能力和工作绩效比其他同事强，那么企业的激励应该体现出这种差异性。如果高新技术企业在设计激励体系时能做到内部的公平性，那么"90后"知识型员工

就会更加认可和赞同企业的激励体系，在工作中也会更加积极主动。另外，激励体系的设置也要体现外部竞争性，"90后"知识型员工获取信息的渠道非常广泛，他们也会将本企业的激励体系与其他企业进行对比。在这种横向的对比中，如果"90后"知识型员工认为本企业的激励体系具有明显的优势，则会使他们进一步增强对企业的好感。另外，具有外部竞争优势的激励体系也说明了企业在同行业中具有一定的竞争地位，有利于增强员工的归属感。

21. 与同事和领导的相处情况

为了了解"90后"知识型员工在工作中与同事和领导的相处情况，研究者在调查问卷中设置了题项"您与同事和领导的相处融洽吗?"根据表4-5的调查结果我们可以看出，45.1%的被调查者认为与同事和领导的相处"不太融洽"，20.4%的被调查者选择了"一般"，18.5%的被调查者选择了"比较融洽"。另外，13.1%的"90后"知识型员工认为与同事和领导的相处"非常融洽"，2.9%的"90后"知识型员工认为与同事和领导的相处"非常不融洽"。

表4-5　与同事和领导的相处情况

选项	百分比（%）
非常融洽	13.1
比较融洽	18.5
一般	20.4
不太融洽	45.1
非常不融洽	2.9

以上调查数据反映出，大多数"90后"知识型员工在与领导和同事的相处过程中会感到"不太融洽"。造成这种情况的原因是多方面的：一是部分"90后"知识型员工由于自身性格的原因平时不喜欢与人打交道，上班期间忙于自己的工作，既不喜欢与同事交流，也不喜欢与领导接触。二是与企业自身的文化氛围有关，一些高新技术企业没有为员工创造一个良好的交流沟通环境。员工之间除了工作上必要的接触外，企业没有为他们提供一些诸如工作分享会、外出旅游、面对面交流、会议谈论等交流沟通活动，导致企业内各个部门之间、部门内部之间交流沟通不足，员工与领导的接触机会不多。在这样的企业氛围内，"90

后"知识型员工感到和同事及领导的相处不太融洽，影响了其工作积极性的提升。

在与"90后"知识型员工进行访谈时，研究者设计了以下问题："在工作过程中，您觉得与同事和领导相处情况如何？这对提高您的工作积极性影响大吗？"下面选取了两位"90后"知识型员工关于此问题的回答。

【个案4-12】孙某：1993年出生，女，研究生。

我在一家高新技术企业从事产品研发工作，我平时和本部门的同事交往较多。在与同事的相处过程中，大家的交流内容也是工作中的事情，很少涉及工作以外的事情，工作之余的闲暇时间大家很少见面，基本上是各自忙各自的。这样的相处模式比较简单，也会避免很多不必要的麻烦，但总是感觉缺点什么，可能是缺少学生时代朋友之间相处时那种温馨的感觉吧。我平时和领导接触的机会也不多，即使见面也大多是听从领导关于工作任务的安排。我认为与同事和领导的相处方式对我工作积极性的影响还是挺大的，如果企业能够多创造一些和同事、领导接触的机会，如工作之余多组织一些活动，增强大家之间的情感交流，我想这种和谐的氛围必然会促进工作的顺利开展。

【个案4-13】杨某：1997年出生，男，本科。

从我自己的切身体会来看，我感觉我与同事和领导的相处并不愉快，我是一个喜欢与人交往的人，不太喜欢压抑的工作氛围。我认为我所在的这家企业人与人之间存在较为严重的隔阂，有时候工作中有什么问题去请教同事，同事也不是很热情。感觉大多数人都是只关注自己的工作，很少去关心别人。有时候领导也会组织一些团体活动，但参加的人并不多。我认为大家在一起工作就应该友好相处，这样在工作中也会心情愉悦，企业的业绩也会提高，这对我们每个人都是有好处的。

22. 工作中的挑战性

为了调查"90后"知识型员工当前所承担的工作是否具有挑战性，研究者在调查问卷中设置了题项"您觉得工作中的挑战性如何？"调查结果见表4-6。调查结果显示，仅有8.9%的"90后"知识型员工认为工作"非常有挑战性"，认为"比较有挑战性"的被调查者所占比重为15.4%，19.3%的"90后"知识型员工选择了"一般"，43.3%的被调查者认为当前的工作"不太有挑战性"，13.1%的被调查者认为当前的工作"完全没有挑战性"。

表 4-6　工作中的挑战性

选项	百分比（%）
非常有挑战性	8.9
比较有挑战性	15.4
一般	19.3
不太有挑战性	43.3
完全没有挑战性	13.1

以上调查数据反映出，参与问卷调查的 "90后" 知识型员工中，认为工作 "不太有挑战性" 和 "完全没有挑战性" 的占比和为 56.4%，这说明大多数 "90后" 知识型员工对工作中的挑战性不太满意。工作中的挑战性是 "90后" 知识型员工非常看重的因素，与其他年龄层次员工不同，"90后" 知识型员工希望通过创新性、挑战性工作体现自身价值，希望将自己所学的知识和所具备的能力在工作中充分施展出来。他们已经厌倦了一般的事务性、程序性的工作，甚至认为这样的工作是在浪费自己的时间和精力。因此，如何为 "90后" 知识型员工提供具有较强挑战性的工作是高新技术企业领导者需要重点考虑的问题。

在与高新技术企业 "90后" 知识型员工进行访谈时，研究者设计了以下问题："您觉得您目前所从事的工作有挑战性吗？如果没有，您认为造成工作缺乏挑战性的原因是什么？您希望企业在这方面如何改进？"下面选取了两位 "90后" 知识型员工对此问题的回答。

【个案 4-14】孙某：1996 年出生，男，本科。

目前我觉得所从事的工作没有什么挑战性，刚工作的第一年感觉工作还是挺充实的，自己有很多不懂的地方需要学习，需要尽快融入新的工作环境中。为了尽快高质量地完成领导分配给我的工作任务，我在工作中经常向领导请教和向同事学习。工作的第一年我感觉特别有成就感，每当我完成领导交付的具有一定难度的工作任务时我都特别兴奋，感觉自己实现了应有的价值。这两年可能是由于工作进入了瓶颈期，也可能是对工作流程已经很熟悉了，我越来越没有干劲，毫无挑战性的工作使我慢慢丧失了工作热情。从原因来看，我认为最主要的是领导并不能准确地了解我的工作能力，分配的工作任务与我的工作能力并不匹配。我希望企业领导能够多将一些具有挑战性、能够充分施展我才华的工作任务分配给我。

【个案4-15】赵某：1991年出生，女，本科。

我在这家高新技术企业工作将近10年了，从现实情况来看，工作的挑战性确实在慢慢消退。我想大多数员工在工作10年后都会遭遇瓶颈期，表现为工作热情下降、工作投入度不足、工作效率下降等方面。在这个阶段，如果领导者能够想方设法增强工作中的挑战性可以在一定程度上解决这一问题，如领导可以采取一定范围内的工作岗位轮换制度，增强工作岗位的乐趣性，或者设置工作竞赛小组，使员工在工作中重新获得新鲜感、体验感、挑战性。我认为要提高工作本身的挑战性，主要在于企业管理者要具有正确的管理理念及采取有效的激励措施，只要观念正确、措施得当就一定会激发起"90后"知识型员工强烈的工作热情。

23. 对员工的考核依据

研究者在调查问卷中设置了题项"在对员工进行考核时，您所在的企业采取的考核依据是什么？"根据表4-7的统计结果我们可以看出，45.3%的"90后"知识型员工选择了"员工的综合素质"这一选项，37.8%的"90后"知识型员工选择了"员工的个人业绩"这一选项，选择"对员工的印象"这一选项的被调查者占比11.7%，还有5.2%的被调查者选择了"其他"这一选项。

表4-7　对员工的考核依据

选项	百分比（%）
员工的个人业绩	37.8
对员工的印象	11.7
员工的综合素质	45.3
其他	5.2

以上统计结果表明，大多数"90后"知识型员工认为企业在对其进行考核时主要看重的是"员工的综合素质"和"员工的个人业绩"这两个因素。在调查中，选择这两项的"90后"知识型员工占被调查者总数的83.1%。这说明，大多数高新技术企业在对员工进行考核时以员工的个人业绩和综合素质为出发点，这与以往对员工考核时以资历、学历、工作岗位等因素为出发点相比是一个

极大的改变。这种考核方式能使员工将主要精力放在提升个人工作业绩及综合素质上，使员工认识到只要自己努力就能获得企业的认可。特别是对"90后"知识型员工而言，他们工作时间较短，缺乏工作经历和资历，这样的评价方式能够极大地鼓舞员工的士气，促进员工个人绩效的提升和组织绩效的改善。

二、多项选择题的描述性统计结果

1. "90后"知识型员工对工作因素的重视程度

为了了解"90后"知识型员工对工作中各种因素的重视程度，研究者在调查问卷中设置了题项"您在工作中看重的因素是什么?"调查结果见表4-8。

表4-8 "90后"知识型员工对工作因素的重视程度

因素	百分比（%）
优秀的企业文化	55.3
工作发展前景	90.2
丰厚的报酬	83.4
企业晋升机制	89.3
良好的工作环境	77.6
其他	12.2

表4-8的调查结果显示，90.2%的"90后"知识型员工认为自己在工作中看重的因素是"工作发展前景"，89.3%的被调查者选择了"企业晋升机制"。这两项的比例反映出大多数"90后"知识型员工对自己在企业中能否获得晋升很重视，这与现实情况是相符的。"90后"知识型员工拥有较高的知识技术水平，在他们的价值观念中，劳动报酬不是唯一的职业追求，他们执着于个人的成长，渴望事业的成功，他们更加希望在工作中充分发挥自己的专业特长，成就自己的事业。83.4%的被调查者选择了"丰厚的报酬"这一选项，这反映出大多数"90后"知识型员工对物质激励仍然重视。77.6%的被调查者选择了良好的工作环境这一选项，创造性的工作任务让知识型员工更加渴望拥有宽松的、高度自主的工作环境，在这样的工作环境中工作，他们更容易提高工作效率。另外，还有55.3%的被调查者选择了"优秀的企业文化"这一选项。企业文化对员工有着极

大的激励作用，能够为员工提供健康向上、愉悦身心的精神激励。企业文化不仅从各个方面影响着企业的运营，也深刻影响着企业未来的发展，对形成企业内部凝聚力和外部竞争力具有积极作用。

在对高新技术企业管理层进行访谈时，研究者设计了以下问题："您认为企业目前的激励体系需要重点在哪些方面加以改进？"下面选取了两位管理者对此问题的回答，通过两位管理者的回答，结合调查问卷中"90后"知识型员工对工作因素的看重程度，可以为高新技术企业改进激励中存在的问题提供一定的参考借鉴。

【个案4-16】孙某：总经理。

我们这家高新技术企业从事的是计算机及网络技术业务，年轻的"90后"知识型员工是我们企业的核心力量，企业也很重视对"90后"知识型员工的激励。目前企业的激励体系需要改进的地方主要体现在：设计有针对性的激励选择方案，如对于不同性别的"90后"、不同岗位的"90后"设置不同的激励方案。另外，要更加注重激励的实效性，改变一些大而空的激励措施，让员工真正感受到激励能够给他们带来经济利益。

【个案4-17】袁某：部门经理。

我认为目前企业在激励体系方面最应该考虑的是如何改变"大锅饭"现象。现在企业的激励体系形式多样，但是从实施的效果来看，其在员工之间没有体现出差异性，员工之间的报酬没有真正拉开差距，时间一长，大家觉得干多干少都一样，工作积极性反而降低了。另外，目前企业的激励还是以正向的奖励激励为主，惩罚激励缺位，我觉得这是今后需要改进的方面。通过一定的惩罚激励，可以更好地规范员工的行为，使员工在制度约束下更加积极地工作。

2. 企业针对"90后"知识型员工提供的福利

研究者在调查问卷中设置了题项"目前您所在的企业提供哪些福利？"调查结果见表4-9。统计结果显示，55.3%的被调查者选择了"住房补贴"这一选项，40.5%的被调查者选择了"津贴"，23.1%的被调查者选择了"伙食补助"，33.3%的被调查者选择了"外地旅游"。另外，选择"发放礼品""提供免费健身场所""免费体检"的"90后"知识型员工所占比例分别为22.9%、32.6%、88.3%。

表4-9　企业针对"90后"知识型员工提供的福利

福利	百分比（%）
住房补贴	55.3
津贴	40.5
伙食补助	23.1
外地旅游	33.3
发放礼品	22.9
提供免费健身场所	32.6
免费体检	88.3

从调查结果来看，除免费体检和住房补贴这两项外，其他各项福利所占的比重不高。这反映出高新技术企业为"90后"知识型员工提供的各种福利不是很多，这是高新技术企业亟须改善的地方。职工福利具有重要意义，形式多样的福利不仅可以提高员工的生活质量，而且长久来看这种福利支出还会促进企业长远发展。

3. 影响工作积极性的主要原因

为了了解影响"90后"知识型员工工作积极性的主要原因，研究者在调查问卷中设置了题项"影响您工作积极性的原因有哪些?"数据的统计分析结果见表4-10。

表4-10　影响"90后"知识型员工工作积极性的主要原因

原因	百分比（%）
生活福利待遇低	66.1
报酬不合理	77.2
不能发挥个人才能	67.4
看不到职业发展前景	79.1
人际关系难处理	30.9
学习不到新知识	34.5

调查结果显示，66.1%的被调查者选择了"生活福利待遇低"这一选项，77.2%的被调查者选择了"报酬不合理"这一选项。这说明大多数"90后"知识型员工对企业提供的物质待遇水平比较重视。在大多数企业中，物质激励是员

工激励的主要模式，也是企业最普遍使用的一种方式。67.4%的"90后"知识型员工选择了"不能发挥个人才能"这一选项，79.1%的"90后"知识型员工选择了"看不到职业发展前景"这一选项。这反映出大多数"90后"知识型员工非常注重个人发展，希望在工作中能够更好地发挥出个人才能，如果企业在这些方面做得不到位，则会严重影响其工作积极性。调查结果还显示，30.9%的被调查者选择了"人际关系难处理"这一选项，34.5%的被调查者选择了"学习不到新知识"选项。

4. 在工作中出现差错时领导的态度

研究者在调查问卷中设置了题项"当您在工作中出现差错时，领导的态度怎样？"该题项的设置主要是为了了解"90后"知识型员工在工作中犯错时领导是如何处理的。数据的统计分析结果见表4-11。

表4-11　在工作中出现差错时领导的态度

领导的态度	百分比（%）
不留情面地严厉批评	20.8
私下批评斥责	33.2
批评且给予鼓励	67.4
其他	35.4

调查结果显示，20.8%的"90后"知识型员工认为当自己在工作中犯错时领导会"不留情面地严厉批评"，33.2%的"90后"知识型员工选择了"私下批评斥责"这一选项。这两项的百分比较低，说明了大多数高新技术企业领导不会采取当众严厉批评和私下斥责的方式来对待犯错的员工。这也符合"90后"知识型员工的精神诉求，当自己在工作中出现问题时，他们希望领导能够多采取鼓励的方式而不是批评和指责的方式。高达67.4%的"90后"知识型员工选择了"批评且给予鼓励"这一选项，这说明在高新技术企业内，大多数领导会采取批评且给予鼓励这种温和的方式对待在工作中出现错误的"90后"知识型员工。

在对管理层进行访谈时，研究者设计了以下问题："作为领导，您是如何对待工作中犯错的员工的？"该访谈问题主要是为了了解管理者对于工作中犯错的员工的态度。通过以下三位管理者的访谈结果,结合表4-11中"90后"知识型员工在调查问卷中关于此问题的回答,可以从管理者和员工两个角度全面了解高新技术企业对该情况的处理方式。

【个案4-18】赵某:部门经理。

作为部门经理,我在一定程度上是允许员工在工作中犯错的,毕竟"金无足赤,人无完人"。即使员工在工作中尽量做得更好,但也难免会有疏忽大意的时候,所以想要下属在工作中完全不出错是不可能的。如果非要以完全不出错这样的苛刻标准来要求员工,那么只会引发员工的不满,使他们在工作中谨小慎微,不敢创新、不敢挑战。当下属犯错后,特别是因为自己的错误而给企业造成一定损失后,员工自己心里是非常难受和自责的。这个时候作为管理者如果还一味地指责,那只能增强员工的内疚感,可能导致员工一蹶不振。我认为最好的办法就是当事情过去之后找犯错的员工私下聊一聊,询问出问题的原因是什么,给予员工适当的工作指导和心理疏导,避免类似问题的再次发生。

【个案4-19】王某:部门经理。

关于如何对待在工作中犯错的员工这个问题,我认为应该区分不同的情况加以处理。对于初次犯错且对企业没有造成什么损失的员工,我一般是以批评为辅,鼓励为主。特别是对"90后"知识型员工这个群体,他们年轻好胜、勇于创新,在创新的过程中犯错是在所难免的,这个时候出了问题还是应该以多鼓励、多支持为主,不然很容易打击他们的创新积极性。还有一部分员工,由于自己工作不认真、不负责而经常犯错,甚至他们的错误给企业造成了重大损失。对这部分员工一味地容忍和迁就也是不对的,必须按照企业的规章制度对其进行处罚。这样才能更好地规范和约束他们的行为,起到良好的警示作用,避免类似错误的再次发生,把企业的损失降到最低。

【个案4-20】孙某:部门经理。

作为部门经理,我认为当员工犯错后,不应该纠结错误本身,而应该深入分析员工犯错的主要原因是什么,是员工自身的原因还是企业的原因,并针对原因采取有针对性的解决对策。如果是因为员工自身能力不够而在工作中犯错,那就说明需要对这部分员工进行培训以提高其工作技能。如果是因为员工缺乏责任心造成的,那么应该对该员工进行处罚,造成严重不良影响的则应辞退该员工。如果是组织管理机制不当、组织结构不合理等企业方面原因造成的,就应该及时改善组织管理制度，提高组织管理效率，为员工工作的顺利开展提供良好的内部环境支持。管理者不能只知道对员工严格要求而忽略企业本身管理机制中存在的问题，不能只指责员工的错误而不分析企业自身存在的问题。总之，我认为员工在工作中犯错只是一种表现形式，管理者要做的就是深入分析错误背后的本质，这样才能真正解决问题，促进员工的成长和企业的发展。

5. 希望企业的哪些激励措施能够得到加强

研究者在调查问卷中设置了题项"您希望目前企业的哪些激励措施能够得到加强？"调查结果见表4-12。

表4-12 希望企业加强的激励措施

措施	百分比（%）
业务培训	66.2
带薪休假	61.3
文化活动	55.4
身体健康检查	35.4
单位工作餐	44.6
工伤保险	50.6
学习教育	71.4

数据的统计结果显示，66.2%的"90后"知识型员工选择了"业务培训"这一选项，71.4%的"90后"知识型员工选择了"学习教育"这一选项。这两项调查结果说明，高新技术企业大多数"90后"知识型员工对企业所提供的业务培训和学习教育非常看重。随着技术的发展和工作难度的不断增加，工作本身对员工的要求越来越高、越来越细、越来越新，员工不学习就会落后，因此企业管理者必须充分认识到员工培训的重要性。特别是高新技术企业，其所处行业发展迅速，那些刚毕业的"90后"知识型员工缺乏实践，培训是他们从学校步入企业的必要步骤，是将员工的理论知识与实践活动进行有效连接的必经过程。对于那些已经工作过一段时间的"90后"知识型员工而言，通过培训可以及时更新陈旧的知识，使得员工的技能、工作方法、工作态度得到及时的提高和改善。

61.3%的被调查者选择了"带薪休假"这一选项，带薪休假能够充分调动员工的工作积极性，使员工可以自主选择休假时间，满足了员工多样化、个性化的需求，对促进员工身心健康、企业发展具有重要意义。55.4%的"90后"知识型员工选择了"文化活动"这一选项，这说明作为年轻群体的"90后"知识型员工注重精神熏陶，渴望文化素养的提升。50.6%的"90后"知识型员工选择了"工伤保险"这一选项，说明很多"90后"知识型员工对工伤保险比较看重。44.6%的被调查者选择了"单位工作餐"这一选项。单位工作餐是由公司提供给员工的，价格也相对较低，一定程度上减轻了员工的经济负担。此外，还有35.4%的"90后"知识型员工选择了"身体健康检查"这一选项，说明了员工对身体健康的重视。

在对"90后"知识型员工进行访谈时，研究者设计了以下问题："您认为企业目前所采取的激励措施应该如何改进？"下面选取了三位"90后"知识型员工关于此问题的回答。

【个案4-21】曲某：1991年出生，女，本科。

我所在的这家高新技术企业是一家中型企业，成立时间较长，人员数量较多，部门设置齐全。企业领导者比较注重对员工的激励，激励措施也挺多的。但我感觉还是存在一些问题，如激励的针对性不强，像我们"90后"员工和其他年龄层的员工对于激励的需求是不同的，但是企业并没有针对不同年龄群体设置不同的激励方式。再如，我认为激励措施应该适时调整一下，不能长时间没有变化。我们企业这几年的激励措施没有任何调整和变化，员工对这些激励措施已经没什么新鲜感了，这样的激励措施一点激励效果也没有。

【个案4-22】赵某：1993年出生，男，本科。

我所在的这家高新技术企业是一家小型企业，成立的时间短，员工人数少，企业资金有限，企业的激励制度还不是很健全。虽然企业管理层也编制了激励方面的规章制度，但我感觉这些激励制度有点形同虚设，并没有取得成效。我认为企业的当务之急是要建立一套完善的激励体系，并且通过各种途径公布于众。激励体系不能仅落实在理论层面和文件上，更重要的是要落实到实践上，落实在执行中。只有贯彻落实激励制度，才能让员工明确努力的方向，使激励体系真正发挥出激励员工的作用。

【个案4-23】李某：1995年出生，女，专科。

我所在的这家高新技术企业在激励措施的设置方面主要还是以物质激励为主，如规定员工达到什么样的业绩水平可以提升多少工资水平、获得多少奖金等。这样的规定无疑能在很大程度上激励员工埋头苦干，为了获得更多的报酬不断提升自己的工作绩效。但我感觉企业对精神激励方面的措施设置得比较少，长期来看，如果企业过于注重物质激励而缺少精神激励，那么会导致员工的功利心过强，精神世界匮乏。从我自己的角度来看，如果要对物质激励和精神激励排序的话，那么我对精神激励更为看重。我觉得很多像我一样的"90后"都是挺重视精神激励的，毕竟每个人都想获得他人的认可、都想获得发展。因此，我希望企业能够更加关注员工的内心世界，在精神激励方面可以做得更加完善一些。

6. 企业里比较常见的情形

研究者在调查问卷中设置了题项"下列哪种情形在您的企业是比较常见的？"调查结果见表4-13。调查结果显示，62.1%的被调查者选择了"领导许诺多，兑现少或兑现慢"这一选项，这说明"90后"知识型员工在工作开展中，特别是在和领导交往的过程中，领导经常给予"90后"知识型员工各种许诺，但是兑现的少或者兑现的慢。有些领导为了激励下属更好地完成工作任务，往往会给予下属一些承诺，这时领导要注意，既然承诺了就一定要兑现，切勿利用自己的领导职位向员工开"空头支票"，因为当员工发现领导的许诺并没有按时兑现时其工作积极性就会大大降低。

表4-13　企业里比较常见的情形

企业里比较常见的情形	百分比（%）
领导许诺多，兑现少或兑现慢	62.1
时间观念差	69.2
上级经常干扰自己的工作	77.3
经常不知道应该向谁汇报	20.1
没人愿意拍板决策	34.6
领导经常交办事项却不问结果	68.9

选择"时间观念差"这一选项的被调查者占比为69.2%，任何一个成功的人都必须树立时间观念。养成时间观念有利于员工按时高效地完成工作计划，可以使其得到更多的发展机会，还可以在一定程度上考验员工的自律能力，让员工抓住机会并快速决策。

77.3%的被调查者选择"上级经常干扰自己的工作",这说明大多数"90后"知识型员工对领导干涉自己的工作表现出强烈的不满。"90后"知识型员工大多具有较强的工作自主性和能动性,渴望在工作中获得领导的授权,如果上级领导经常干涉自己的工作,他们就会对自己的工作能力产生怀疑,以致影响其工作积极性。

68.9%的"90后"知识型员工选择了"领导经常交办事项却不问结果"这一选项,这说明高新技术企业内有一些领导者只负责布置工作任务,但是对于"90后"知识型员工能否真正完成工作任务及完成工作任务的质量如何并不关心,这使得"90后"知识型员工感受不到领导的关心,其工作积极性也受到了影响。

另外,调查结果还显示,34.6%的被调查者选择"没人愿意拍板决策",这说明在高新技术企业内部有一些领导干部不愿意担责。20.1%的被调查者选择了"经常不知道应该向谁汇报",说明在高新技术企业中存在职责不清、权责不明的问题。

7. 企业存在的主要问题

为了了解高新技术企业中存在的主要问题,研究者在调查问卷中设置了题项"您认为目前企业存在哪些主要问题?"数据的统计分析结果见表4-14。

表4-14　企业存在的主要问题

主要问题	百分比（%）
没有规范的管理制度	50.9
市场开发不力、产品销售不畅	45.8
企业激励机制不合理	80.2
企业绩效考核体系不健全	77.1
企业人员流动率太高	68.6
缺乏企业文化	60.9

表4-14的数据显示,选择"企业激励机制不合理"这一选项的"90后"知识型员工最多,所占比例为80.2%。这说明虽然大多数高新技术企业迎合时代的发展和员工的需求,认识到激励机制设置的必要性,但大多数"90后"知识

型员工仍对激励机制不太满意，认为企业的激励机制存在很多不合理的地方，难以激发他们的工作积极性。

选择"企业绩效考核体系不健全"这一选项的"90后"知识型员工也较多，占被调查者总数的77.1%，这说明大多数"90后"知识型员工对企业的绩效考核体系不满意。有效的绩效考核体系不仅可以准确衡量员工的贡献，还能为企业奖惩标准的制定提供积极的参考。但现实中很多高新技术企业面临着一个尴尬的现实，那就是企业管理者虽然已经认识到绩效考核的重要意义，但是不清楚如何有效地实施绩效考核，所设置的绩效考核体系不健全，无法全面准确地衡量"90后"知识型员工的工作绩效。

68.6%的被调查者选择了"企业人员流动率太高"这一选项，这说明一半以上的"90后"知识型员工认为企业普遍存在人员流动率过高的情况。员工的高流动率一直是困扰高新技术企业管理者的一大难题，员工流动率过高会引发一系列问题，如企业服务质量不稳定、培训成本增加、客户流失等。

60.9%的"90后"知识型员工选择了"缺乏企业文化"，50.9%的"90后"知识型员工选择了"没有规范的管理制度"，这说明高新技术企业在企业文化建设、管理制度规范化建设方面也存在很多问题，影响"90后"知识型员工的工作积极性。另外，还有45.8%的"90后"知识型员工选择了"市场开发不力、产品销售不畅"，这说明高新技术企业存在市场开发难、产品销售难的问题，需要企业加大市场开发力度，不断开拓产品销售市场，提高企业经营收益。

8. 员工喜欢的激励方式

为了了解高新技术企业"90后"知识型员工喜欢的激励方式有哪些，研究者在调查问卷中设置了题项"您喜欢哪种激励方式？"调查结果见表4-15。

表4-15　"90后"知识型员工喜欢的激励方式

激励方式	百分比（%）
现金奖励	89.9
获得荣誉证书	88.8
公开表扬	80.4
优先职位晋升机会	90.2
员工旅游	77.6

激励方式	百分比（%）
培训机会	78.1
带薪休假	75.4
股权激励	67.3

表4-15的调查结果显示，高新技术企业"90后"知识型员工在关于该题目的作答中，各个题项所占的百分比都较高。选择"现金奖励"的"90后"知识型员工占比89.9%，反映出"90后"知识型员工对物质激励的重视，也反映出当前现金奖励仍然是激励员工工作积极性的一种非常有效的方式。

选择"获得荣誉证书"和"公开表扬"的"90后"知识型员工分别占比88.8%和80.4%，这说明"90后"知识型员工对荣誉激励非常重视。通过荣誉激励，可以在企业内部形成良好的榜样示范作用，促进员工之间"比、学、赶、帮、超"，提高员工的争先创优意识。企业通过组织经验交流会和宣讲会等形式，使优秀员工分享经验，有助于员工形成"人人可成为榜样，人人能争当先进"的自我暗示，从而促使自己向榜样学习，充分发挥个人特长，努力赶超他人，力争成为别人学习的榜样。

选择"优先职位晋升机会"的"90后"知识型员工所占比例为90.2%，说明大多数"90后"知识型员工非常看重自己在企业中能否获得长远发展的机会。高新技术企业通过为"90后"知识型员工提供职位晋升机会，可以帮助员工选择适合的职业发展道路。只有实现职业发展才能获得财富的增长和成就感，实现人生价值。"90后"知识型员工大多都具有较高的个人素质，他们不仅掌握先进的理论知识，而且在实际工作中掌握了丰富的实践操作技能。因此，"90后"知识型员工普遍具有追求职业成功的愿望，渴望通过事业上的成功证明自身价值。

选择"员工旅游"和"带薪休假"的"90后"知识型员工分别占比77.6%和75.4%。旅游和带薪休假对员工而言也是非常重要的福利，有助于员工对企业产生归属感，在工作中更加尽职尽责。企业通过组织一些旅游活动，可以更好地增进员工之间的感情交流，使员工树立团队合作意识，员工与领导之间也可以加深对彼此的了解，从而提高企业运营效率。"90后"知识型员工比较年轻，精力旺盛，对旅游较为热衷，喜欢通过旅游来放松心情、广交朋友。因此，高新技术企业采取"员工旅游"和"带薪休假"的方式能够在较大程度上调动员工的工作积极性。

选择"培训机会"的"90后"知识型员工所占比重为78.1%，这说明很多"90后"知识型员工希望企业能给他们提供一定的培训机会。另外，选择"股权激励"的"90后"知识型员工所占比例为67.3%，股权激励可以充分增强员工的主人翁意识，提高员工的归属感，激励员工为获得股权更加努力地为企业创造价值，企业也会因为员工的努力而获得更多的经营利润。

在对高新技术企业的管理层进行访谈时，研究者设置了以下问题："对于'90后'知识型员工，目前企业主要采取什么样的激励措施？您认为各种激励措施的优缺点是什么？"下面选取三位管理者关于此问题的回答。

【个案4-24】王某：总经理。

我所在的这家企业目前正处于市场拓展的关键时期，企业很重视对员工的激励。企业管理层对"90后"知识型员工采取的激励措施还是挺全面的，既有物质激励，也有精神激励。物质激励的优点还是很明显的，如提高工资水平、多发些奖金，员工的工作主动性和积极性就会有很明显的提升。另外，管理层也会根据实际情况适时采取一些精神激励，如提拔年轻有为的"90后"员工，对于有能力的"90后"员工委以重任，选拔优秀的"90后"员工到大型企业、国内高校进行培训学习，等等。

【个案4-25】李某：部门经理。

我所在的这家企业规模不大，成立的时间也不长，企业有成文的激励制度，每位员工也都了解相关规定，如达到什么样的业绩标准，工资水平便上升多少，绩效工资就提高多少等。这样的激励方式有利于员工明确工作目标，对照文件要求提升工作业绩，因此员工对这个激励文件还是很认可的。缺点是企业目前没有什么精神激励方面的措施，员工之间的凝聚力不强，我感觉单纯依靠物质激励的方式难以长久激励员工，随着企业的发展壮大，企业必须建立多种激励方式相结合的激励体系。

【个案4-26】孙某：部门经理。

企业对于"90后"知识型员工采取的激励方式主要是物质激励，这种物质激励方式主要体现在绩效工资方面，企业在年底通过绩效考核对于业绩突出的员工发放金额不等的绩效工资。这部分绩效工资差别还是挺大的，业绩突出的员工能得到几万元甚至十几万元的奖金，业绩不好的员工则只能得到几千元甚至更少的奖金。这种方式对于调动员工的工作积极性可以起到一定的促进作用，但我感觉这种激励方式过于单一，如果能与其他精神激励方式结合起来使用效果将会更好一些。根据我的观察，虽然企业历年来都是采用这种物质激励的方式，但实际效果却越来越差，感觉员工也没有什么新鲜感了。我觉得激励方式也要体现动态性，企业要随着员工需求的变化对激励方式进行调整。

9. 期望采取的物质激励措施

为了了解高新技术企业"90后"知识型员工期望采取的物质激励措施有哪些，研究者在调查问卷中设置了题项"下列哪些物质激励措施是您期望企业采用的?"数据的统计分析结果见表4-16。

表4-16　期望采取的物质激励措施

物质激励措施	百分比（%）
有竞争力的薪酬标准	90.2
提高奖金额度	83.1
增加福利补贴	79.2
建立公平合理的薪酬体系	86.3
其他	26.1

表4-16的统计结果显示，90.2%的"90后"知识型员工选择了"有竞争力的薪酬标准"这一选项，这反映出"90后"知识型员工希望企业所提供的薪酬标准能比同行企业的工资标准高。有竞争力的薪酬标准不仅能够提升员工的荣誉感，使员工珍惜当前的工作，降低员工的流失率，还有助于企业提高其在人才市场中的竞争力，吸引德才兼备的高素质人才，优化人才结构，提高企业效益。

83.1%的"90后"知识型员工选择了"提高奖金额度"这一选项，奖金作为物质激励的一种重要形式，其目的不仅是要奖励个人，更重要的是要激励众人。完善的奖金激励制度可以增强"90后"知识型员工的"争先创优"意识，在工作中形成"人人抢着做，人人争着干"的良好氛围。

79.2%的"90后"知识型员工选择了"增加福利补贴"这一选项，福利补贴虽然在一定程度上增加了企业的成本和支出，但如果福利补贴制度设置的合理，不论是对员工还是对企业来说都有很大的好处。"90后"知识型员工在择业时，不仅会关注企业所提供的薪酬水平，福利补贴也是他们重点考虑的因素之一。企业的福利水平状况不仅直接影响"90后"知识型员工的工作积极性，甚至还在一定程度上决定着员工的去留。因此，对于高新技术企业管理层而言，应重点考虑以下问题：如何增加福利补贴的数额，完善福利补贴的形式，扩大福利补贴的受众面。这样才能使"90后"知识型员工充分感受到管理者的关心，其将在工作岗位上更加尽职尽责，不断提高工作效率。

86.3%的被调查者选择了"建立公平合理的薪酬体系"。这反映了"90后"知识型员工对于薪酬的公平性、公正性具有强烈的追求，说明他们不仅关注企业所提供的薪酬总体水平，还会将自己的薪酬与同事和同行业进行对比，希望自己的努力能够被公平、公正地对待。

10. 期望企业采取的精神激励措施

为了了解高新技术企业"90后"知识型员工期望企业所采取的精神激励措施有哪些，研究者在调查问卷中设置了题项"下列哪些精神激励措施是您期望企业采用的？"该题项的统计分析结果见表4-17。

表4-17　期望采取的精神激励措施

精神激励措施	百分比（%）
晋升	95.1
自由的工作环境	87.2
工作的自主权	91.3
上级的认同	79.2
良好的企业文化	86.3
学习机会	79.8
其他	30.8

表4-17的调查结果显示，该题目各个题项的占比普遍较高。其中，选择"晋升"的"90后"知识型员工所占比例为95.1%，这反映出"90后"知识型员工渴望通过晋升实现自己的人生价值。选择"自由的工作环境"这一题项的被调查者占比为87.2%，说明大多数"90后"知识型员工渴望自由的工作环境，自由的工作环境更有助于"90后"知识型员工创新性的发挥。

选择"工作的自主权"这一题项的被调查者占比 91.3%，反映出大多数"90后"知识型员工渴望在工作中充分发挥自己的主观能动性，不希望上级领导过多地干涉自己的工作。选择"上级的认同"这一题项的被调查者占比 79.2%，说明大多数"90后"知识型员工希望通过自己的努力得到领导的认可、赞许和肯定。

86.3% 的被调查者选择了"良好的企业文化"这一选项，这说明大多数"90后"知识型员工更愿意在具有良好文化氛围的企业中工作，他们认为良好的企业文化是激发他们工作积极性的重要因素。79.8% 的被调查者选择了"学习机会"这一选项，这说明大多数"90后"知识型员工希望在工作中获得一些培训和学习的机会，以不断提升自身素质和工作技能，使自己更好地适应工作岗位的要求。

11. 制约工作的因素

研究者在调查问卷中设置了题项"在您的工作中，您认为什么因素制约了工作的完成质量？"数据的统计分析结果见表 4-18。

表 4-18　制约工作的因素

制约因素	百分比（%）
领导者的创新意识	65.3
规章和制度	55.4
团队之间的沟通交流	77.3
晋升空间和奖励机制	85.1
凝聚力和团队意识	81.4
员工素质	57.2
其他	30.8

表 4-18 的数据统计结果显示，65.3% 的"90后"知识型员工认为"领导者的创新意识"制约了自己更好地完成工作任务。高新技术企业的发展与领导者的创新意识和创新能力密切相关，具有较强创新意识的领导者能够更好地把握行业发展的前沿，这样的领导者也更善于采取措施培养员工的创新能力，更有利于员工发挥主观能动性。55.4% 的"90后"知识型员工选择了"规章和制度"这一选项，这说明高新技术企业在规章制度方面还不完善、不健全，阻碍了员工的工

作积极性。

77.3%的"90后"知识型员工选择了"团队之间的沟通交流"这一选项。沟通是连接人与人之间关系的一座桥梁，沟通是将自己的所思所想正确地表达出来，达到能够被他人理解的目的。在工作中，决定工作成效的关键就是团队成员之间的相互配合和有效合作，而沟通则是实现团队合作的有效方式。通过有效沟通，团队成员之间达成明确的工作方案，这样可以促进团队项目的顺利完成。

选择"晋升空间和奖励机制"这一题项的"90后"知识型员工所占比重为85.1%，通过制定员工奖励、晋升制度，保证了企业各项工作的顺利开展，激发了全体员工对工作的主动性和积极性。"90后"知识型员工正处于事业发展的上升期，因此他们对企业的晋升制度和奖励制度往往更为看重。

选择"凝聚力和团队意识"这一题项的"90后"知识型员工所占比重为81.4%，这说明高新技术企业内"90后"知识型员工普遍认为团队凝聚力和员工的团队意识不强，这一问题极大地影响了他们工作的效率。众所周知，只有团队成员具有强烈的团队意识，才能充分激发团队每个成员的工作积极性和奉献精神，团队成员之间才能取长补短，分享自己的优势，吸取他人的优点，促进团队更好地发展。

选择"员工素质"这一题项的被调查者所占比例为57.2%，这说明有一部分"90后"知识型员工认为员工素质影响了工作的顺利开展。对于"90后"知识型员工而言，知识技能水平的高低固然重要，但个人品德更为重要。只有德才兼备的员工才会受到他人的尊重和认可，才能实现个人职业生涯的发展，为企业创造更高的效益。那些"德不配位"的员工，不仅无法获得个人发展，还会影响团队的整体合作和企业的长远发展。因此，"90后"知识型员工要不断提高自身素质，时刻以企业的整体利益为重，事事以身作则，敢于担当，敢于作为，敢于奉献，敢于迎难而上。

12. 导致员工离职的企业原因

研究者在调查问卷中设置了题项"导致您离职的企业原因是什么？"数据的统计分析结果见表4-19。数据统计分析结果显示，该题项中占比较高的分别是"竞争激烈""工作条件差""待遇低""管理落后""晋升机制缺乏"，这些题项的百分比都超过了50%。

表 4-19　员工离职的企业原因

企业原因	百分比（%）
竞争激烈	77.1
人际关系复杂	35.3
工作条件差	57.2
待遇低	80.4
管理落后	64.9
晋升机制缺乏	88.2

选择"竞争激烈"这一选项的"90后"知识型员工占比高达 77.1%，这说明大多数"90后"知识型员工认为当前高新技术企业面临的竞争较为激烈。激烈的竞争虽然会激发员工不断地学习新的知识和技能，但竞争的残酷性也可能会引发员工的恐惧和焦虑，部分"90后"知识型员工可能因无法承受严峻的竞争而选择离开企业。

选择"工作条件差"这一选项的"90后"知识型员工占比为 57.2%，工作环境的好坏直接影响员工的工作业绩。如果员工在较差的环境中工作，如办公室环境压抑、空气不流通，再加上工作压力，会给员工造成极大的精神伤害，甚至导致员工抑郁，无法顺利完成工作。因此，那些工作环境较差的企业一般都留不住优秀员工，员工在工作一段时间后很可能会主动离职。

选择"待遇低"这一选项的"90后"知识型员工所占比例为 80.4%。对于大多数"90后"知识型员工而言，他们对自身有较高的心理定位和心理预期，感觉自己的知识技术水平较高，工作能力较强，企业应该给他们提供较高的待遇水平。因此，当企业提供的待遇水平无法满足"90后"知识型员工的需求时，员工就会产生不满情绪，甚至会选择离职。

选择"管理落后"的"90后"知识型员工所占比例为 64.9%，这说明一半以上的"90后"知识型员工对企业的管理制度不满意，这是导致他们离开企业的一个重要原因。高达 88.2%的被调查者选择了"晋升机制缺乏"这一选项，说明大多数"90后"知识型员工对自己的职业生涯发展非常关注，高新技术企业如果没有给他们提供合适的职业晋升空间，就会导致他们离开企业。

13. 导致员工离职的个人原因

研究者在调查问卷中设置了题项"导致离职的个人原因是什么？"调查结果

见表4-20。

表 **4-20** 离职的个人原因

个人原因	百分比（%）
工作缺乏成就感	90.1
工作压力大	85.3
个人发展约束	77.2
子女及配偶	65.1
工作难度大	63.4

表4-20的调查结果显示，90.1%的"90后"知识型员工选择"工作缺乏成就感"这一选项，认为这是导致他们离职的主要原因。在职场中随着工作年限的增长，"90后"知识型员工对于工作成就感的追求会越来越强烈，他们渴望获得认可和晋升，认为这是自身工作能力的最好体现。如果企业管理者忽视对于员工成就感的关注，一些"90后"知识型员工就会因为成就感的缺失而引发职业倦怠，导致离职行为的发生。

85.3%的"90后"知识型员工选择"工作压力大"这一选项。高新技术企业竞争压力较大，超负荷的工作压力很容易诱发员工的心理疾病，影响员工的身体健康。特别是对"90后"知识型员工而言，他们从小备受父母宠爱，承受压力的心理素质较差，在踏入工作岗位后很可能因无法承受较大的工作压力而选择离职。选择"个人发展约束"这一选项的"90后"知识型员工占比为77.2%，说明"90后"知识型员工认为个人发展受到限制是导致他们离职的重要原因。

65.1%的"90后"知识型员工选择"子女及配偶"这一选项，说明"90后"知识型员工在择业时会受到家庭因素的影响，如果子女不在本地上学或者配偶不在本地工作，他们很可能会离职。63.4%的"90后"知识型员工选择了"工作难度大"这一选项，难度较大的一些工作超过了"90后"知识型员工的工作能力，会使他们不安、恐惧和紧张，长此以往使他们产生职业倦怠，最终选择离职。

在对高新技术企业的管理层进行访谈时，研究者设置了以下问题："目前企业内'90后'知识型员工的流失率高不高？您认为造成'90后'知识型员工流失的主要原因是什么？"下面选取了两位管理者关于此问题的回答。

【个案4-27】赵某：部门经理。

我所在的这家高新技术企业是一家小型企业，企业员工数量少，员工的待遇在这个城市属于中等水平。目前"90后"知识型员工的流失率还是挺高的，我认为造成"90后"知识型员工流失的原因既有企业方面的，也有员工自身方面的。此外，我认为造成员工离职率高的最主要原因是企业提供的待遇水平没有达到员工的预期。特别是一些有能力的"90后"知识型员工，企业虽然想方设法留住他们，但这些"90后"知识型员工不但要求高工资，还要求一定的职位，企业很难完全达到他们的要求。因此，我认为"90后"知识型员工的流失是在所难免的，管理者也应该正确地看待员工的流失，及时补充人力资源队伍。

【个案4-28】李某：部门经理。

我所在的这家高新技术企业"90后"知识型员工所占比例大概在35%，从性别来看，男性"90后"知识型员工的流失率较高，女性员工的流失率较低。我认为主要原因是男性追求事业的发展，而女性追求稳定。男性"90后"知识型员工正处于事业发展的上升期，如果企业提供的工资水平、发展机会等无法达到他们的预期，他们便很容易选择离职，去寻找更好的发展平台。前段时间，我们企业有两位"90后"研究生离职了，其原因是不满意企业提供的发展机会。尽管企业一再挽留，但最后也没有留住他们，这也反映出男性"90后"知识型员工对个人发展是非常看重的。女性"90后"，特别是已经成家有孩子的"90后"，相对而言离职的可能性要低一些，这部分员工更喜欢稳定，喜欢和熟悉的同事一起工作，也担心离职后新的工作单位可能会带来更多的不确定性。

14. 激励中需要改善的方面

研究者在调查问卷中设置了题项"针对目前的激励现状，您认为最需要改善的是什么？"数据的统计分析结果见表4-21。

表4-21　激励中需要改善的方面

需要改善的方面	百分比（%）
完善的物质激励	92.1
完善的精神激励	88.3
改善工作环境和人际关系	78.4
提高激励的公平性	75.6
改善绩效考核制度	68.9

续表

需要改善的方面	百分比（%）
加强激励的及时性	92.7
改进短期激励机制	63.2
健全长期激励机制	71.5
加强能力培训	74.1

表4-21的统计结果显示，该题项中各个选项的占比普遍较高。选择"完善的物质激励"这一选项的被调查者占比为92.1%，选择"完善的精神激励"这一选项的被调查者占比为88.3%，选择"改善工作环境和人际关系"这一选项的被调查者占比为78.4%。

从其他选项所占比重的情况来看，75.6%的"90后"知识型员工选择了"提高激励的公平性"，68.9%的"90后"知识型员工选择了"改善绩效考核制度"，92.7%的"90后"知识型员工选择了"加强激励的及时性"。另外，选择"改进短期激励机制""健全长期激励机制""加强能力培训"这三项的"90后"知识型员工占比分别为63.2%、71.5%、74.1%。以上数据说明，高新技术企业在对"90后"知识型员工激励中存在各种各样的问题，需要管理者采取有针对性的措施，不断提高"90后"知识型员工的工作积极性。

15. 企业的分配机制

为了调查高新技术企业的分配机制情况，研究者在调查问卷中设置了题项"您觉得企业的分配机制如何？"表4-22的统计结果显示，70.7%的"90后"知识型员工认为"绩效分配中存在严重的平均主义"；66.3%的"90后"知识型员工认为"分配制度很少调整，缺乏灵活性"；55.2%的"90后"知识型员工选择了"分配机制并没有完全反映出员工的贡献程度"这一选项；选择"绩效机制严重向领导倾斜，一般员工得到的很少"这一选项的被调查者占比为40.2%；还有34.3%的被调查者选择了"分配主要是按照员工资历实行"这一选项。

表4-22　企业的分配机制情况

企业的分配机制情况	百分比（%）
绩效分配中存在严重的平均主义	70.7

续表

企业的分配机制情况	百分比（%）
绩效机制严重向领导倾斜，一般员工得到的很少	40.2
分配机制并没有完全反映出员工的贡献程度	55.2
分配主要是按照员工资历实行	34.3
分配制度很少调整，缺乏灵活性	66.3

以上调查结果显示，大多数被调查者认为企业"绩效分配中存在严重的平均主义"，这是影响"90后"知识型员工工作积极性的主要因素。平均主义造成部分员工出现"搭便车"的行为，对于那些工作积极努力、渴望得到认可、希望有所发展的员工造成严重的打击。在访谈中我们发现，一部分"90后"知识型员工会因为企业分配机制中存在严重的平均主义而慢慢有了辞职的想法。

从66.3%的被调查者选择"分配制度很少调整，缺乏灵活性"这一选项可以看出，大多数高新技术企业分配制度存在严重的固定化倾向，灵活性不足，企业一旦制定了分配制度就很少调整。对于"90后"知识型员工而言，缺乏灵活性的分配制度很容易使他们丧失对企业发展的信心，因此在工作中慢慢变得消极怠工、应付了事。

从55.2%的被调查者选择"分配机制并没有完全反映出员工的贡献程度"这一选项可以看出，一半以上的"90后"知识型员工认为自己对企业所做的贡献大大超过了企业给予他们的报酬，分配机制与员工的实际贡献程度严重脱节。企业目前的分配机制无法准确衡量"90后"知识型员工的实际贡献，这引起员工的强烈不满。

16. 喜欢的培训方式

为了了解"90后"知识型员工对培训方式的喜好，研究者在调查问卷中设置了题项"如果企业要对您进行培训，您喜欢什么形式的培训方式？"表4-23的统计结果显示，77.1%的被调查者选择了"分组讨论"这一选项；65.3%的被调查者选择了"角色扮演"这一选项；58.9%的被调查者选择了"交流学习"这一选项。另外，选择"案例分析""课堂讲授""进修学习"这三个选项的被调查者占比分别为44.3%、20.5%、19.3%。

表 4-23 喜欢的培训方式

喜欢的培训方式	百分比（%）
课堂讲授	20.5
案例分析	44.3
分组讨论	77.1
角色扮演	65.3
进修学习	19.3
交流学习	58.9

以上调查结果说明，大多数"90后"知识型员工喜欢"分组讨论""角色扮演""交流学习"这样一些开放式的培训方式。因此，高新技术企业应将一些开放性、灵活性的培训方式融入"90后"知识型员工的培训体系中，使"90后"知识型员工通过培训不仅能提升自己的知识技能水平，还能在培训中广交朋友、开阔视野、愉悦身心。调查结果显示，"90后"知识型员工对于一些诸如"课堂讲授""进修学习"等传统的培训方式不太感兴趣。因此，高新技术企业应逐渐放弃传统的培训方式，把节省下来的资金用在"90后"知识型员工更喜欢的、更能带来实际效果的培训项目上。

17. 企业目前的激励方式

为了了解高新技术企业目前的激励设置情况，研究者在调查问卷中设置了题项"您所在的企业目前有哪些激励方式？"表 4-24 的调查结果显示，72.9% 的被调查者选择了"物质激励"这一选项；67.9% 的被调查者选择了"晋升激励"这一选项；60.5% 的被调查者选择了"目标激励"这一选项；选择"情感激励""榜样激励""赞赏激励"的"90后"知识型员工分别占被调查者总数的33.3%、21.2%、15.3%。

表 4-24 企业目前的激励方式

激励方式	百分比（%）
目标激励	60.5
榜样激励	21.2
物质激励	72.9
情感激励	33.3

续表

激励方式	百分比（%）
赞赏激励	15.3
晋升激励	67.9

以上调查结果说明，大多数高新技术企业倾向于采取"物质激励""晋升激励""目标激励"这三种激励方式，可能是由于这三种激励方式对"90后"知识型员工更容易在短期内起到显而易见的激励效果。物质激励能够提高员工的生活水平，晋升激励能使员工获得极大的成就感，目标激励能使员工认准方向、勇往直前；而"情感激励""榜样激励""赞赏激励"这样的激励方式耗时长、见效慢，因此往往不被企业管理者所重视。

第三节　调查数据的因子分析

一、因子分析检验

表4-25显示，KMO值为0.926，表示数据非常适合进行因子分析。巴特利特球形检验的目的是检查数据是否来自服从多元正态分布的总体，由表4-25可知，显著性概率值为0.000，说明数据来自正态分布总体，适合进行下一步分析。

表4-25　KMO检验与巴特利特球形检验

KMO取样适切性量数		0.926
巴特利特球形检验	近似卡方	3516.152
	自由度	463
	显著性概率	0.000

二、因子分析结果

因子分析过程中发现3个题项出现跨载荷超过0.5的情况，分别是"企业内福利水平较高且福利形式多样化""我的主管在工作中经常倾听和采纳我的意见和建议""其他部门同事对我工作的开展起到了良好的促进作用",故将这 3 个题项予以删除,最终保留了 34 个题项。将这 34 个题项进行因子分析,按照特征值大于 1 的标准抽取因子,最终抽取了 10 个因子来反映高新技术企业"90 后"知识型员工的激励状况,这 10 个因子共解释 76.718%的总方差,见表 4-26。

表 4-26 高新技术企业"90 后"知识型员工激励的因子矩阵

测量题项	1	2	3	4	5	6	7	8	9	10
我的收入水平能够满足必要的开支	0.782	0.034	0.025	-0.041	-0.025	0.168	0.039	0.230	0.432	0.288
我为企业做出贡献时能够得到奖金	0.663	0.009	0.076	-0.073	0.036	-0.152	0.228	0.322	0.217	0.287
我的收入水平与我的贡献是相符的	0.640	-0.224	0.153	-0.036	0.058	0.202	0.376	0.089	0.306	0.099
目前的福利计划能够满足我的需求	0.612	0.170	0.200	0.151	-0.063	0.073	0.098	0.176	0.127	0.215
企业晋升员工的方式是公正合理的	0.016	0.743	0.199	-0.072	0.162	0.075	0.096	0.336	0.099	0.126
企业发展机会多,有才能的人能够得到重用	-0.131	0.683	0.056	0.011	0.125	0.036	0.169	0.175	0.087	0.332
与物质报酬相比,我更在意发展机会	0.065	0.598	0.191	-0.210	0.086	0.112	0.216	0.236	0.333	0.125
企业经常组织一些参观学习活动	-0.058	0.036	0.812	0.087	-0.036	0.035	0.088	0.228	0.117	0.111
我在企业能够获得较多的培训机会	0.012	0.023	0.785	0.166	-0.025	0.042	0.137	0.306	0.336	0.088
通过培训、进修等机会使我的业务知识得到了更新和提高	-0.029	0.018	0.702	0.260	0.187	0.201	0.166	0.312	0.099	0.208
上级领导能够协调解决工作中的问题	-0.009	0.035	-0.046	0.789	0.021	-0.129	0.311	0.088	0.092	0.247
领导看重员工个人能力,不任人唯亲	0.021	0.052	0.026	0.736	0.441	-0.028	0.009	0.146	0.121	0.239
在工作中我能得到领导的信任和授权	-0.042	0.127	0.075	0.679	0.306	-0.121	0.125	0.173	0.269	0.199

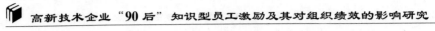

续表

测量题项	1	2	3	4	5	6	7	8	9	10
主管对我的职业发展提供重要指导	0.153	0.102	0.110	0.506	0.178	0.222	0.105	0.209	0.025	0.173
我的同事尊重我的想法和感受	0.051	0.179	0.209	0.198	0.778	0.207	0.124	0.209	0.075	0.208
企业内有良好的团队合作氛围	0.161	0.233	0.301	0.369	0.701	0.133	0.175	0.209	0.169	0.199
工作中能够得到部门同事的有力配合	0.106	-0.136	0.056	0.332	0.665	0.254	0.225	0.209	0.082	0.077
业余时间,我经常和同事外出活动	0.167	0.165	0.253	0.122	0.531	0.087	0.195	0.209	0.224	0.173
政策和规章制度有利于我开展工作	0.220	0.165	0.199	0.231	0.139	0.886	0.207	0.211	0.288	0.273
企业有系统完善的管理制度体系,并在员工入职时对员工进行了培训	-0.331	0.089	0.307	0.122	0.166	0.769	0.400	0.301	0.300	0.099
绩效考评制度科学,能够衡量我的工作业绩	0.188	-0.195	0.088	0.306	0.267	0.731	0.004	0.019	0.124	0.156
企业有完善的休息休假制度	0.006	0.188	0.120	0.156	0.004	0.652	0.104	0.222	0.184	0.231
企业的工作流程有利于我完成工作任务	0.104	-0.179	0.184	0.204	0.133	0.192	0.709	0.088	0.108	0.331
企业在制定决策时重视员工的意见	0.222	0.206	0.009	0.225	0.256	0.209	0.651	0.027	0.134	0.199
企业的管理流程非常顺畅	0.309	0.089	0.143	0.331	-0.099	0.145	0.586	0.014	0.109	0.214
我有机会和高层管理人员接触	0.094	-0.123	0.306	0.187	0.400	0.303	0.124	0.813	0.006	0.118
我能及时便利地获得与工作相关的政策和信息	0.033	0.224	0.201	0.296	0.241	0.009	0.331	0.768	0.400	0.178
企业内有良好的信息沟通渠道,能够及时掌握有关的信息资源	0.203	0.188	0.344	0.201	0.066	0.355	0.072	0.619	0.021	0.108
企业的工作条件适合我所从事的工作类型	0.309	-0.222	0.188	-0.206	0.331	0.008	0.017	0.134	0.713	0.207

续表

测量题项	1	2	3	4	5	6	7	8	9	10
企业对安全与保障工作非常重视	0.154	0.287	0.081	0.275	0.065	0.311	0.199	0.055	0.633	0.014
企业的硬件设施便于工作顺利开展	0.188	-0.223	0.312	0.208	0.300	0.229	0.194	0.054	0.559	0.003
企业在重要节日会举行庆祝活动	0.039	-0.075	0.310	0.187	0.355	0.211	0.127	0.097	0.183	0.768
企业营造开放和尊重员工的文化氛围	0.094	-0.123	0.006	0.208	0.275	0.303	0.206	0.094	0.177	0.733
企业具有民主公平的文化氛围	0.171	0.303	0.306	0.181	0.071	0.303	0.319	0.005	0.204	0.665

结合表4-26，对各因子的具体情况说明如下：

主因子1包括四个题项，其分别是：我的收入水平能够满足必要的开支；我为企业做出贡献时能够得到奖金；我的收入水平与我的贡献是相符的；目前的福利计划能够满足我的需求。这四个题项主要反映了收入水平、福利、奖金对"90后"知识型员工工作积极性的影响，因此可将该因子命名为"物质基础"。

主因子2包括三个题项，其分别是：企业晋升员工的方式是公正合理的；企业发展机会多，有才能的人能够得到重用；与物质报酬相比，我更在意发展机会。这三个题项主要反映了"90后"知识型员工在职业晋升、个人发展方面的满意度情况，因此将该因子命名为"职业晋升机会"。

主因子3包括三个题项，其分别是：企业经常组织一些参观学习活动；我在企业能够获得较多的培训机会；通过培训、进修等机会使我的业务知识得到了更新和提高。这三个题项主要反映了"90后"知识型员工获得的培训学习情况，因此将该因子命名为"培训学习机会"。

主因子4包括四个题项，其分别是：上级领导能够协调解决工作中的问题；领导看重员工个人能力，不任人唯亲；在工作中我能得到领导的信任和授权；主管对我的职业发展提供重要指导。这四个题项主要反映了上级领导在"90后"知识型员工工作积极性发挥方面的作用，因此将该因子命名为"领导认可与信任"。

主因子5包括四个题项，其分别是：我的同事尊重我的想法和感受；企业内有良好的团队合作氛围；工作中能够得到部门同事的有力配合；业余时间，我经常和同事外出活动。这四个题项反映了"90后"知识型员工与同事之间的关系，因此将该因子命名为"同事关系"。

主因子6包括四个题项，其分别是：政策和规章制度有利于我开展工作；企业有系统完善的管理制度体系，并在员工入职时对员工进行了培训；绩效考评制度科学，能够衡量我的工作业绩；企业有完善的休息休假制度。这四个题项反映了"90后"知识型员工在企业规章制度方面的感受，因此将该因子命名为"制度规定"。

主因子7包括三个题项，其分别是：企业的工作流程有利于我完成工作任务；企业在制定决策时重视员工的意见；企业的管理流程非常顺畅。这三个题项主要反映了企业管理流程对"90后"知识型员工所产生的影响，因此将该因子命名为"管理流程"。

主因子8包括三个题项，其分别是：我有机会和高层管理人员接触；我能及时便利地获得与工作相关的政策和信息；企业内有良好的信息沟通渠道，能够及时掌握有关的信息资源。这三个题项用来描述企业内部信息交流沟通环境，因此将该因子命名为"信息沟通环境"。

主因子9包括三个题项，其分别是：企业的工作条件适合我所从事的工作类型；企业对安全与保障工作非常重视；企业的硬件设施便于工作顺利开展。这三个题项主要反映了企业的工作条件对"90后"知识型员工工作积极性的影响，因此将该因子命名为"工作条件"。

主因子10包括三个题项，其分别是：企业在重要节日会举行庆祝活动；企业营造开放和尊重员工的文化氛围；企业具有民主公平的文化氛围。这三个题项主要反映了与企业文化有关的内容，因此将该因子命名为"企业文化"。

三、变量共同度

从表4-27可以看出，"物质基础""培训学习机会""管理流程"这三个因子的共同度在80%以上；"职业晋升机会""领导认可与信任""制度规定""企业文化"这四个因子的共同度在70%以上；"同事关系""信息沟通环境""工作条件"这三个因子的共同度在60%以上。可见，所提取的十个主因子的共同度都超过了60%，并且大多数都超过了70%，这说明所提取的主因子对变量的解释能力很强。

表 4-27 主因子方差

主因子	初始	提取
物质基础	1.000	0.812
职业晋升机会	1.000	0.799
培训学习机会	1.000	0.813
领导认可与信任	1.000	0.707
同事关系	1.000	0.679
制度规定	1.000	0.711
管理流程	1.000	0.885
信息沟通环境	1.000	0.652
工作条件	1.000	0.608
企业文化	1.000	0.777

四、信度和效度分析

为了进一步了解问卷的可靠性与有效性，需要对数据进行信度分析和效度分析。对调查问卷各个变量的信度检验结果见表 4-28，量表的分层 α 值都在 0.700 以上，说明量表的内部一致性较好，问卷的设计是可靠的。效度即有效性，是指测量工具能够测出其所要测量的变量特征的正确性程度。效度包括内容效度和结构效度两个方面。本调查问卷是在对高新技术企业"90后"知识型员工进行深度访谈和小规模预调研的基础上初步制定的，并且邀请了人力资源管理专家对调查问卷进行了论证，经过不断地修改和完善形成了最终的调查问卷。在调查问卷的填写和数据的录入过程中，也采取了严格的方式进行控制。因此，量表的内容效度是可靠的。表 4-28 显示，量表中各因子的标准载荷均在 0.614~0.922，并且 AVE 值在 0.580~0.851，说明量表具有良好的结构效度。

表 4-28 量表的 Cronbach's α 系数、标准载荷、AVE 值

变量名称	测量项目数	分层 α 值	标准载荷	AVE 值
物质基础	4	0.830	0.823	0.709
职业晋升机会	3	0.815	0.922	0.851
培训学习机会	3	0.828	0.776	0.665
领导认可与信任	4	0.778	0.614	0.794
同事关系	4	0.717	0.705	0.665
制度规定	4	0.889	0.721	0.580

续表

变量名称	测量项目数	分层 α 值	标准载荷	AVE 值
管理流程	3	0.707	0.907	0.806
信息沟通环境	3	0.812	0.633	0.714
工作条件	3	0.768	0.887	0.599
企业文化	3	0.806	0.689	0.827

第四节 激励要素的提取

根据前面的因子分析结果，提取出高新技术企业"90后"知识型员工激励的五大因素，分别为物质基础、职业发展、人际关系、制度支撑、环境支持。

我们提取的高新技术企业"90后"知识型员工激励要素与10个主因子之间有着密切的关系，是对激励主因子的进一步概括。其中，物质基础包括工资水平、福利水平、奖金三个方面，是激励因子中的第1个因子；职业发展主要包括职业晋升机会和培训学习机会两个方面，来源于激励因子中的第2个因子和第3个因子；人际关系包含领导认可与信任、同事关系两个方面，来源于激励因子中的第4个因子和第5个因子；制度支撑包括制度规定和管理流程两个方面，该要素来源于激励因子中的第6个因子和第7个因子；环境支持包括信息沟通环境、工作条件、企业文化三个方面，该要素来源于激励因子中的第8个因子、第9个因子、第10个因子。

除了从因子分析的结果对高新技术企业"90后"知识型员工激励要素的来源进行说明外，也可以从激励理论方面加以说明。根据马斯洛需求层次理论，可以分析出工资水平、福利水平、奖金、职业晋升机会、培训学习机会影响高新技术企业对"90后"知识型员工的激励效果。根据赫茨伯格的双因素理论可以分析出工资水平、制度规定、管理流程、信息沟通环境、工作条件、企业文化影响高新技术企业对"90后"知识型员工的激励效果。根据麦克利兰的成就需要激励理论可以分析出领导认可与信任、同事关系、职业晋升机会影响高新技术企业对"90后"知识型员工的激励效果。

第五节 模型的构建

结合高新技术企业"90后"知识型员工的激励要素，可以构建出高新技术企业"90后"知识型员工的激励模型，见图4-18。该模型显示，物质基础、职业发展、人际关系、制度支撑、环境支持五个激励因素在员工敬业度这一中介变量的作用下，通过工作能力和组织战略两个调节变量对组织绩效产生影响。

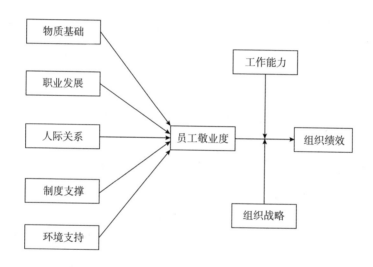

图4-18 高新技术企业"90后"知识型员工激励模型

第六节 对模型的阐释

一、模型中五种要素之间的关系

在高新技术企业"90后"知识型员工激励模型中，物质基础、职业发展、人际关系、制度支撑、环境支持五种激励要素之间有着密切的关系。物质基础是最核心和最基础的激励要素；职业发展和人际关系位于第二层次；最外围的是制度支撑和环境支持。五种激励要素之间的关系可以通过图 4-19 来表示。

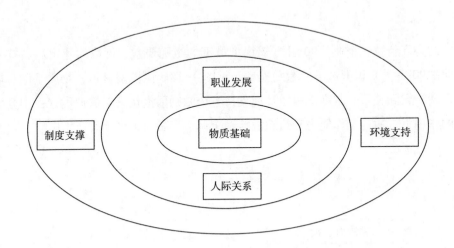

图4-19 高新技术企业 "90后" 知识型员工激励要素关系

图 4-19 显示了物质基础、职业发展、人际关系、制度支撑、环境支持五种激励要素之间相互依存、相互作用的关系。物质基础是最基本的激励要素，以物质激励为基础，其他激励措施才能取得更好的激励效果。

位于第二个层次的职业发展和人际关系这两个激励要素也是对 "90后" 知识型员工激励中不可缺少的重要因素。职业发展机会能从根本上激发 "90后" 知识型员工的工作潜能，使其获得工作成就感。随着职业的晋升，员工的收入不断增加，其精神需求也会得到更大的满足。另外，良好的人际关系是 "90后" 知识型员工工作顺利开展的重要保障，这里的人际关系既包括与领导的关系也包括与同事的关系。领导的支持、同事的帮助可以使 "90后" 知识型员工在工作中少走弯路，和谐愉悦的工作环境可以提高 "90后" 知识型员工的工作效率，这些都在无形中发挥着良好的激励作用。

模型中的第三个层次是制度支撑和环境支持，系统完善的企业制度规定和良好的环境支持不仅能够有效规范 "90后" 知识型员工的工作行为，还能大大减少员工在工作中遇到的各种不利障碍。科学衡量 "90后" 知识型员工的工作业绩，可以促使他们更加高效地完成工作任务。

二、模型中的中介变量

在图 4-18 高新技术企业"90后"知识型员工激励模型中，除了物质基础、职业发展、人际关系、制度支撑、环境支持五种激励要素外，还有员工敬业度这一中介变量。关于这一中介变量的解释如下：同样的工作，高敬业度的员工能在短时间内高效地完成工作任务，低敬业度的员工则可能推脱、逃避工作任务。因此，让员工真正将动力转化为实际行为的重要衡量指标就是员工敬业度。

三、模型中的调节变量

在图 4-18 高新技术企业"90后"知识型员工激励模型中，除了物质基础、职业发展、人际关系、制度支撑、环境支持五种激励要素及员工敬业度这一中介变量外，还包括工作能力和组织战略这两个调节变量。

工作能力是员工在职场上的一项基本生存技能，它直接影响着员工工作的质量和效率。"90后"知识型员工自身的工作能力在激励要素与组织绩效之间具有重要的调节作用，直接影响激励要素的作用发挥程度。因此，本书提取出工作能力这一调节变量。

组织战略对"90后"知识型员工工作积极性的发挥和工作绩效的提升具有重要影响。组织战略是企业政策的重要组成部分，组织的总体战略直接决定"90后"知识型员工的工作能否顺利开展下去。如果员工具有很强的工作积极性，但是企业从总体战略上不重视员工，那么同样无法提高组织绩效。因此，本书提出组织战略这一调节变量。

第七节　个体变量对激励要素的影响

在考察"90后"知识型员工的个体变量对激励要素的影响时选用的统计分析方法是单因素方差分析法。本部分主要结合高新技术企业"90后"知识型员工的性别、年龄、学历层次、工作岗位、工作年限、婚姻状况、薪酬水平等个体特征，分析个体变量对激励模型中的五大激励要素所产生的具体影响。在分析过程中当显著性小于 0.05 时说明该个体变量对研究结果产生了显著影响。

一、性别对激励要素的影响

由表 4-29 可知，物质基础、人际关系这两个激励要素的显著性为 0.000，环境支持这一激励要素的显著性为 0.001，这三个激励要素的显著性均小于显著性水平 0.05，说明性别对这三个激励要素的影响是显著的。另外，职业发展的显著性为 0.269，制度支撑的显著性为 0.225，这两个要素的显著性均大于显著性水平 0.05，说明性别对这两个激励要素的影响差别不大。

表 4-29　性别对激励要素的方差分析

激励要素	方差来源	平方和	均方	显著性
物质基础	组间	0.655	0.465	0.000
	组内	81.401	0.361	
	总平方和	82.056		
职业发展	组间	0.447	0.556	0.269
	组内	69.547	0.467	
	总平方和	69.994		
人际关系	组间	3.525	2.544	0.000
	组内	99.875	0.718	
	总平方和	103.400		
制度支撑	组间	4.592	1.866	0.225
	组内	86.552	0.525	
	总平方和	91.144		
环境支持	组间	20.218	3.876	0.001
	组内	88.675	0.621	
	总平方和	108.893		

为了准确地衡量性别在物质基础、人际关系、环境支持这三个激励要素方面的具体差异，需要对这三个要素的得分进行均值分析，具体结果见表 4-30。

表4-30　性别对激励要素的影响

性别	物质基础	人际关系	环境支持
男	2.962	4.112	3.038
女	3.488	3.361	4.074

通过表4-30可以看出，在物质基础这一激励要素中，男性的得分均值为2.962，女性的得分均值为3.488，男性的得分均值低于女性的得分均值。这说明男性对工作中所获得的收入、福利、奖金等物质方面的需求明显高于女性。这主要是因为男性需要获得更多的收入才能体现自己的社会地位。

在人际关系这一激励要素中，男性的得分均值为4.112，女性的得分均值为3.361，女性的得分均值低于男性。这说明女性在工作中对人际关系的要求更高，更希望在良好的人际关系工作氛围中工作。这可能是由于女性比较感性，在工作中更渴望得到领导、同事的关心和帮助，而男性更容易把注意力集中在工作上，对人际关系的关注程度没有女性高。

在环境支持这一激励要素中，男性的得分均值为3.038，女性的得分均值为4.074，男性的得分均值低于女性。这说明男性对工作环境的要求更高，这可能是由于男性更加注重工作效率的提升，因此更加希望在信息沟通畅通及硬件设施齐全的工作条件下工作。

在对高新技术企业部分"90后"知识型员工进行访谈时，研究者设置了以下问题："您如何看待企业所提供的物质水平及良好的人际关系对提高您工作积极性所产生的影响？"下面选取了一名女性"90后"知识型员工和一名男性"90后"知识型员工关于此问题的回答。从这两个访谈案例中也可以看出性别差异对激励因素的影响。

【个案4-29】王某：1991年出生，女，本科。

我现在的收入在企业中处于中等水平，我对目前的收入还是挺满意的。虽然有一个上学的孩子需要养育，但我老公的收入水平还可以，我们俩目前的收入除了还房贷、车贷和家庭的日常开销外，每月还能有2000多元的剩余。我对企业提供的物质基础没有太高的要求，我看重的是这家企业有双休，平时也不太加班，这对我一个有家庭、有孩子的女性而言还是很不错的。

从人际关系这个角度来看，我认为女性职工还是比较重视人际关系的维护。

我在单位里和同事的关系都挺好，特别是部门内同事之间，除了工作大家在休息时间也是有说有笑的，我特别喜欢这种工作氛围。我觉得现在各方面压力都挺大的，工作中也经常有不顺心的事情发生，现在竞争这么激烈，在单位里业绩考核的压力也很大，如果同事之间的关系再不好，每天在一种压抑的氛围中工作，那真是挺难受的。

【个案4-30】孙某：1992年出生，男，研究生。

我对企业提供的物质基础要求较高，当时选择这家高新技术企业就职也是经过认真考虑和对比的。这家企业虽然规模不大，但是对于人才比较重视，提供的工资水平也比较高。我研究生所学的专业和这家企业招聘的岗位正好相符，由于在学校期间表现优秀，加上拥有实习经历，所以我应聘时比较顺利，企业提供给我的薪酬也达到了我的预期。工作后我更加努力，工作绩效一直在部门中处于前列，年底还能拿到金额不少的奖金。我觉得企业现在提供给我的物质是我留在这家企业并且努力工作的主要原因，我希望自己的收入能够越来越高，这样我就能够攒钱买房，也能有足够的收入孝敬父母。

从人际关系这方面来看，我认为良好的人际关系对于我工作的顺利开展还是很有帮助的。我所在的工作团队基本上都是男性，我们合作的还是很顺利的，工作中偶尔有些磕磕碰碰大家也不太计较。就我个人的处世原则而言，我不会去刻意地讨好谁，也不会在人际关系方面花费太多的时间。我认为同事之间的相处还是讲究缘分的。如果脾气秉性合得来，那么大家一起工作就很开心；如果脾气秉性合不来，那么在工作中就容易出现问题。

二、年龄对激励要素的影响

由表4-31可知，物质基础这一激励要素的显著性为0.000，职业发展这一激励要素的显著性为0.002，两者的显著性均低于显著性水平0.05，这说明年龄对这两种激励要素的影响是显著的。另外，人际关系、制度支撑、环境支持三种激励要素的显著性分别为0.066、0.097、0.542，均大于显著性水平0.05，这说明年龄对这三种激励要素没有产生显著影响。

表4-32显示了年龄对物质基础和职业发展这两种激励要素所产生的具体影响。在物质基础这一激励要素中，21~25岁的"90后"知识型员工的得分均值为3.988，26~31岁的得分均值为2.101，后者的得分均值明显低于前者，这说

明年龄越大的"90后"知识型员工对物质基础越看重。这主要是因为26~31岁这个年龄段的"90后"知识型员工很多是已婚甚至是"上有老、下有小",他们需要更多的物质报酬维持各种生活开支。21~25岁的"90后"知识型员工工作时间一般不长,有的刚刚参加工作,还没有组建自己的小家庭,因此他们面临的生活压力相对较小,对物质收入的看重程度也没有那么高。

表4-31　年龄对激励要素的方差分析

激励要素	方差来源	平方和	均方	显著性
物质基础	组间	5.443	1.012	0.000
	组内	62.537	0.345	
	总平方和	67.980		
职业发展	组间	3.114	2.119	0.002
	组内	79.512	0.467	
	总平方和	82.626		
人际关系	组间	4.338	1.338	0.066
	组内	99.654	0.588	
	总平方和	103.992		
制度支撑	组间	5.129	2.506	0.097
	组内	66.524	0.478	
	总平方和	71.653		
环境支持	组间	0.889	0.338	0.542
	组内	78.045	0.252	
	总平方和	78.934		

表4-32　年龄对激励要素的影响

年龄	物质基础	职业发展
21~25岁	3.988	4.102
26~31岁	2.101	2.776

就职业发展要素而言,21~25岁的"90后"知识型员工的得分均值为4.102,26~31岁的得分均值为2.776,后者的得分均值明显低于前者。这说明随着年龄的不断增长,"90后"知识型员工会越来越关注自己的职业发展。这与现

实情况是相符的,一般而言,刚参加工作的员工处于调整和适应工作的阶段,他们更关注做好自己的本职工作并得到领导的重视和同事的认可。随着年龄的不断增长,"90后"知识型员工的关注点也会发生变化,他们更希望获得晋升和提拔的机会。

在对高新技术企业部分"90后"知识型员工进行访谈时,研究者设置了以下问题:"在工作中,您是更看重物质收入还是更看重职业发展?"下面选取了三位"90后"知识型员工关于此问题的回答,从这三个访谈案例也可以看出年龄差异对激励因素的影响。

【个案4-31】郭某:1994年出生,男,专科。

虽然我这个年龄在企业里算年轻的,但我工作也好几年了,在"90后"中我也算是有一定资历的员工了。从我的情况来看,我对物质收入和职业发展都比较看重,如果非要对两者进行排序的话,我还是更倾向于能够获得更好的职业发展机会,我想大多数男性员工都是这个想法吧。

【个案4-32】李某:1998年出生,女,本科。

我刚来这家企业不到两年的时间,我现在的主要想法是能够在工作中积累一些工作经验。我对工资还是挺满意的,我现在也不是特别看重工资的高低,我认为自己还很年轻,不应该把收入放在第一位。我来这家企业的主要原因是这家企业经营范围和我的专业较为符合,我能够有更多的机会接触到这个领域的新知识、新技能,能够快速提升自己。我觉得只要自己有能力、有技术,工资肯定会越来越高。对于职业发展,我觉得慢慢来吧,我现在也没有很明确的职业发展规划,我觉得职业发展是一个自我认知、探索和决策的过程,只有努力提高自己的工作技能,才能获得更多的发展机会。

【个案4-33】李某:1991年出生,男,研究生。

我在我们单位算是高学历了,领导也很重视人才,虽然我工作的时间还不到五年,也只是一名普通员工,但我现在的收入水平在企业里算是比较高的了。像我这样的研究生的收入在我们单位算是挺高的了,这也是大家愿意留在这家企业的主要原因。与一些"90后"从小过着"衣食无忧"的生活不同,我"上有老、下有小",生活压力比较大,所以对自己的收入还是很看重的。我在工作中也愿意多付出,我相信"一分耕耘,一分收获"。在这个竞争激烈的社会中,"养尊处优"的人是生存不下去的。我也希望能够得到领导的赏识,获得提拔任用的机会，毕竟这是人生价值的重要体现，在职业发展方面的需求会比那些年轻的"90后"更强烈一些。

三、学历层次对激励要素的影响

表4-33的数据显示，物质基础、职业发展、环境支持三种激励要素的显著性分别是0.008、0.031、0.000，均小于显著性水平0.05，可见"90后"知识型员工的学历层次对这三种激励要素具有显著影响。人际关系的显著性为0.098，制度支撑的显著性为0.077，均大于显著性水平0.05，说明学历层次对这两种激励要素没有显著的影响。

表4-33　学历对激励要素的方差分析

激励要素	方差来源	平方和	均方	显著性
物质基础	组间	3.011	0.786	0.008
	组内	68.577	0.336	
	总平方和	71.588		
职业发展	组间	3.252	1.152	0.031
	组内	78.832	0.411	
	总平方和	82.084		
人际关系	组间	3.512	1.326	0.098
	组内	106.856	0.489	
	总平方和	110.368		
制度支撑	组间	4.316	1.542	0.077
	组内	106.413	0.503	
	总平方和	110.729		
环境支持	组间	16.547	0.142	0.000
	组内	107.011	0.359	
	总平方和	123.558		

通过表4-34可以看出，在物质基础方面，"90后"知识型员工的学历层次越高，则得分的均值越低，高中及以下的"90后"知识型员工得分均值最高（3.977），博士研究生的得分均值最低（2.226）。这主要是由于学历层次越高的"90后"知识型员工，其所掌握的知识技能水平也相应较高，因此对自身的定位

和物质要求也会较高。另外,高学历的"90后"知识型员工由于上学的年限较长,上学期间的成本开支也促使他们希望通过工资奖金加以弥补。

表4-34 学历层次对激励要素的影响

学历层次	物质基础	职业发展	环境支持
高中及以下	3.977	4.004	4.116
大学专科	3.225	3.617	3.634
大学本科	3.008	3.056	3.167
硕士研究生	2.779	2.533	2.993
博士研究生	2.226	2.188	2.381

在职业发展和环境支持这两种激励要素中,也呈现出学历层次与得分均值反向变化的现象。一般而言,学历层次越高,则越期望实现自身价值,对职业发展更加重视,因此对企业工作环境的要求也会越高。

为了深入了解学历层次对不同激励因素产生的影响,研究者在对部分"90后"知识型员工进行访谈时设置了以下问题:"您更看重哪些激励因素?您认为学历层次对激励因素有什么影响?"下面选取三位有代表性的不同学历层次的"90后"知识型员工关于此问题的回答,从这三个访谈案例中我们可以看出学历层次对激励因素产生的不同影响。

【个案4-34】曲某:1992年出生,男,硕士。

我在工作中比较看重的激励因素包括培训机会、职业生涯发展、领导的认可、良好的企业文化氛围、工资水平。我觉得学历对激励因素的影响体现在:学历越高的"90后"知识型员工,在一定程度上对精神激励的需求会越强烈。我是硕士研究生,我对领导的认可很看重,也特别希望能在职业上有所发展。我认为"90后"员工具有年龄上的优势,再加上我在学校经过系统的理论知识学习,因此我希望企业为我提供施展才华的平台。

【个案4-35】李某:1994年出生,女,本科。

我本科毕业就来这家高新技术企业工作了,我比较看重的激励因素包括:工资水平、职业发展机会、领导授权、和谐的同事关系等。如果有机会,我还希望能进一步提升自己的学历,因为学历层次与个人能力、个人素质有很大的关系。像我们单位，研究生学历的"90后"发展还是挺快的，这两年单位比较重视干部队伍的年轻化建设，会从高学历人员中选拔优秀的人才安排到关键部门担任领导职务。

【个案4-36】赵某：1990年出生，男，博士。

我今年博士刚毕业就到这家高新技术企业工作了，我还享受到政府每个月补贴3000元、为期3年的人才引进政策，企业也给我提供了一间单独的办公室和10万元研究基金。我感觉企业对高学历人才还是很重视的，从我个人角度而言，这些年我一直在读书，花费了不少钱，所以希望工作后能有较高的收入。另外，我认为不同学历层次的员工在激励需求方面还是存在明显差异的，高学历员工的激励需求多集中于精神层面，低学历员工的激励需求则多集中于物质层面。

四、工作岗位对激励要素的影响

表4-35的数据显示，物质基础的显著性为0.018，职业发展的显著性为0.000，制度支撑的显著性为0.001，这三种激励要素的显著性均小于显著性水平0.05，说明工作岗位对这三种激励要素产生了较为显著的影响。人际关系和环境支持的显著性分别为0.086和0.509，均大于显著性水平0.05，说明工作岗位对这两种激励要素不具有显著性的影响。

表4-35 工作岗位对激励要素的方差分析

激励要素	方差来源	平方和	均方	显著性
物质基础	组间	6.556	1.986	0.018
	组内	70.112	0.677	
	总平方和	76.668		
职业发展	组间	4.133	8.209	0.000
	组内	66.528	0.399	
	总平方和	70.661		
人际关系	组间	7.088	3.366	0.086
	组内	88.996	0.705	
	总平方和	96.084		
制度支撑	组间	8.335	1.035	0.001
	组内	70.276	0.432	
	总平方和	78.611		

激励要素	方差来源	平方和	均方	显著性
环境支持	组间	2.506	0.236	0.509
	组内	98.339	0.453	
	总平方和	100.845		

表 4-36 是工作岗位对物质基础、职业发展、制度支撑三种激励要素所产生的具体影响。从物质基础来看，得分最低的为处于基层管理岗位的"90后"知识型员工（2.581），其次为普通员工（2.998），中层管理人员（3.698）和高层管理人员（4.046）的得分相对较高。这说明处于基层管理岗位的"90后"知识型员工对收入水平、奖金、福利等并不满意。这主要是由于基层管理人员既需要做好自己的本职工作，还要承担一些"承上启下"的管理任务，这使得他们对物质报酬的要求更高。对于普通员工而言，不仅工资水平处于企业的底层，而且奖金、福利等与其他岗位的员工相比也存在较大的差距，因此他们对自己所获得的物质收入也较为不满。

表 4-36 工作岗位对激励要素的影响

从事岗位	物质基础	职业发展	制度支撑
普通员工	2.998	3.532	2.015
基层管理人员	2.581	2.875	2.882
中层管理人员	3.698	2.145	3.461
高层管理人员	4.046	4.562	3.981

从职业发展来看，中层管理人员的得分最低（2.145），其次为基层管理人员（2.875），普通员工（3.532）和高层管理人员（4.562）的得分均值较高。这说明处于中层管理岗位的"90后"知识型员工对职业发展最为看重，这主要是因为中层管理人员不论是知识技能水平还是管理能力都已经达到了较高的水平，他们在管理好自己团队的同时还希望得到职位晋升。而对于处于高层管理岗位的极少数"90后"知识型员工而言，他们已经在企业金字塔的顶端，因此他们对自己目前的职业发展状况比较满意。

从制度支撑这一激励要素来看，呈现出岗位层级越高则得分均值越高的现象。这可能是因为处于普通岗位的"90后"知识型员工主要从事技术研发和创新工作，企业规章制度是否完善对其工作效率会产生直接的影响。

在对"90后"知识型员工和管理层进行访谈时，研究者设置了问题："工作岗位的不同会影响您对激励因素的偏好吗?"下面选取了两位不同工作岗位的"90后"知识型员工关于此问题的回答。

【个案4-37】王某：男，基层管理人员。

作为一名基层管理人员，我平时的工作还是很辛苦的，也要承担一定的责任，所以我对工资收入水平还是很看重的。我希望企业能够不断地优化基层管理人员薪酬工资制度，科学合理设定基层管理人员薪酬工资标准。另外，我希望企业能够不断地加强基层管理人员对决策制定的参与力度，高层领导能够多倾听我们基层管理人员的心声和建议。我们长期和一线员工接触，最了解一线员工的心声，我们把一线员工的意见反映给高层领导可以切实优化企业各项举措的可行度和有效性。

【个案4-38】刘某：男，中层管理人员。

我认为中层管理人员的工作积极性直接影响员工的工作热情，对于企业的发展起着至关重要的作用，企业必须注重对中层管理人员的激励。对我而言，我感觉物质层面的需求已经基本得到满足了，我比较看重的是个人的发展、下属的尊敬、团队的工作氛围、事业的成功。我非常重视下属对我的评价，我在工作中非常注意下属的感受，尽力为团队营造良好的工作氛围。

五、工作年限对激励要素的影响

由表4-37可知，物质基础、人际关系、制度支撑三种激励要素的显著性分别为0.011、0.000、0.041，均小于显著性水平0.05，这说明工作年限对这三种激励要素的影响是显著的。另外，职业发展的显著性为0.302，环境支持的显著性为0.412，这两种激励要素的显著性均大于显著性水平0.05，说明工作年限对这两种激励要素没有显著影响。

通过表4-38可以看出，在物质基础这一激励要素中，具有6~10年工作年限和3~5年工作年限的"90后"知识型员工的得分均值较低，分别为2.021和2.335。这主要是由于这两类"90后"知识型员工随着家庭生活开支的不断增加及工作中人际关系往来的需要，他们对物质的要求越来越高。另外，很多员工在工作一段时间后，会将自己的收入水平与其他行业、其他岗位的员工进行对比。调研中发现，很多"90后"知识型员工由于对企业提供的收入水平不满意而离职，而且离职的员工中具有6~10年工作年限的最多，这也反映出这一工作年限的员工对物质基础非常看重。如果企业提供的工资、奖金等水平达不到自己的期望，他们会毫不犹豫地选择离职。

表4-37 工作年限对激励要素的方差分析

激励要素	方差来源	平方和	均方	显著性
物质基础	组间	3.213	2.445	0.011
	组内	58.252	0.302	
	总平方和	61.465		
职业发展	组间	4.178	0.856	0.302
	组内	72.188	0.321	
	总平方和	76.366		
人际关系	组间	9.688	3.403	0.000
	组内	102.534	0.783	
	总平方和	112.222		
制度支撑	组间	3.554	0.602	0.041
	组内	89.066	0.778	
	总平方和	92.620		
环境支持	组间	3.044	1.602	0.412
	组内	90.334	0.347	
	总平方和	93.378		

表4-38 工作年限对激励要素的影响

工作年限	物质基础	人际关系	制度支撑
2年及以下	3.220	4.180	4.122
3~5年	2.335	3.524	2.144
6~10年	2.021	2.887	2.576
10年以上	3.905	2.304	3.683

在人际关系这一激励要素中，工作年限越长的"90后"知识型员工得分均

值越低，这说明随着工作年限的不断增加，"90后"知识型员工越来越认识到与领导及同事的关系对其工作的顺利开展具有重要的影响。因此，工作年限越长的"90后"知识型员工越希望在具有良好人际关系的环境中工作，这是他们非常看重的一种精神激励因素，也是他们选择是否继续留在企业工作的一个重要原因。

从制度支撑这一激励要素来看，工作年限在3~5年和6~10年的"90后"知识型员工得分均值较低。这说明处于这两个工作年限的"90后"知识型员工更渴望企业制定良好的制度规定和管理流程，因为这两个时期的"90后"知识型员工大多处于职业发展的上升期，他们在长期的工作中逐渐认识到良好的制度规定对工作开展的重要性，因此他们对企业的制度建设尤为关注。

在对"90后"知识型员工进行访谈时，研究者设置了以下问题："您在这家企业工作几年了？随着工作年限的增长，您的激励需求发生了哪些变化？"下面选取两位"90后"知识型员工关于此问题的回答，从这两个访谈案例中我们可以看出工作年限不同的"90后"知识型员工对激励因素的偏好。

【个案4-39】孙某：男，工作年限8年。

我在这家高新技术企业工作8年了，主要从事一线产品开发工作。近几年，我的收入也得到了提升，虽然不能和高收入人群相比，但在这个行业中我的工资收入还是比较可观的，我对工资收入还是挺满意的。刚开始工作的时候我主要关心的是工资收入，现在我希望企业能够给我提供更多的发展机会。我希望得到领导的赏识，希望企业的工作环境更加完善、企业的规章制度更加健全。随着工作年限的增加，我认为我们"90后"知识型员工完全有能力胜任更有挑战性的工作。我也希望领导能够多考验"90后"，让我们承担更重要的工作，为企业发展做出更大的贡献。

【个案4-40】李某：男，工作年限5年。

我在这家高新技术企业工作5年了，工作时间越长，我越感觉到自己能力的不足，认为自己需要提升的地方太多了，这和自己刚参加工作时的感受完全不一样。刚参加工作时，我觉得自己所掌握的知识在工作中完全够用，但随着工作年限的增加，我慢慢认识到高新技术行业竞争太激烈了，技术更新换代非常快，不学习就要落后。因此，我希望企业能够给予我们一线员工更多的培训机会，让我们多学习一些先进技术。我觉得我们"90后"都是上进且愿意学习的群体；据我了解，很多"90后"都给自己制订了详细的学习发展计划。另外，我也希望领导能够多和我们交流沟通，多了解我们内心的一些想法，这样我们才会感受到领导的重视，才会更有动力把工作干好。

六、婚姻状况对激励要素的影响

由表4-39可知，物质基础这一激励因素的显著性为0.032，职业发展、人际关系两种激励要素的显著性均为0.000，可见婚姻状况对这三种激励要素均产生了较为显著的影响。制度支撑、环境支持两种激励要素的显著性分别为0557、0.488，均大于显著性水平0.05，可见婚姻状况对这两种激励要素没有产生显著性的影响。下面具体分析婚姻状况对物质基础、职业发展、人际关系三种激励因素所产生的具体影响，分析结果见表4-40。

表4-39 婚姻状况对激励要素的方差分析

激励要素	方差来源	平方和	均方	显著性
物质基础	组间	1.233	2.336	0.032
	组内	60.145	0.221	
	总平方和	61.378		
职业发展	组间	3.225	1.822	0.000
	组内	66.342	0.355	
	总平方和	69.567		
人际关系	组间	4.336	4.218	0.000
	组内	99.501	0.669	
	总平方和	103.837		
制度支撑	组间	6.501	1.458	0.557
	组内	82.335	0.701	
	总平方和	88.836		
环境支持	组间	4.077	2.679	0.488
	组内	89.312	0.501	
	总平方和	93.389		

由表4-40可知，从物质基础这一激励要素来看，已婚的"90后"知识型员工得分均值为2.220，未婚的"90后"知识型员工得分均值为3.287，这说明已婚的"90后"知识型员工对企业所提供的物质基础激励更为看重。这主要是因

为已婚的"90后"知识型员工责任心更强，特别是对于普通家庭出身的"90后"，他们还要承担家庭的重任，考虑教育孩子的成本支出，因此对企业提供的物质激励非常看重。对于未婚的"90后"知识型员工而言，其生活压力较小，特别是对于一些家庭条件较好的"90后"，即便是已经工作了，父母还有可能给予他们一定的经济援助，所以这部分"90后"知识型员工相比于已婚的"90后"，对物质基础的要求更低。

表 4-40　婚姻状况对激励要素的影响

婚姻状况	物质基础	职业发展	人际关系
已婚	2.220	2.034	3.564
未婚	3.287	3.102	2.452

从职业发展这一激励要素来看，已婚的"90后"知识型员工的得分均值为 2.034，未婚的"90后"知识型员工得分均值为 3.102，已婚的得分均值低于未婚的得分均值，这说明已婚的"90后"知识型员工对职业生涯发展更为看重。这可能是由于已婚的"90后"知识型员工更希望通过职业发展来体现自己的人生价值，他们在职业上的发展不仅体现在领导、同事的认可方面，还体现在他们的家庭地位上。未婚的"90后"知识型员工大多数比较年轻，有很多是刚步入工作岗位，还处于适应工作阶段，他们需要把大部分精力放在提高自己的工作技能上。特别是那些工作年限短、年龄又小的"90后"，他们深知自己目前的资历还无法获得更好的职业发展机会，因此在职业发展方面的要求相对低一些。

从人际关系这一激励要素来看，已婚的"90后"知识型员工的得分均值为 3.564，未婚的"90后"知识型员工得分均值为 2.452，这说明未婚的"90后"知识型员工对人际关系更为看重。究其原因，可能是由于未婚的"90后"知识型员工工作时间不长，他们有较强的好胜心，希望获得领导和同事的认可。在工作中他们非常愿意帮助同事，也愿意在人际关系的处理上花费时间。对于已婚的"90后"知识型员工，随着年龄的增加，他们更愿意把主要精力放在工作本身和家庭生活上，他们虽然也关注人际关系，但是在人际关系处理上所花费的时间会有所减少。

在对"90后"知识型员工进行访谈时，研究者设置了以下问题："您认为婚姻状况是如何影响您对激励因素的偏好的?"下面是两位"90后"知识型员工关于此问题的回答。

【个案4-41】赵某:女,已婚。

我刚毕业就来这家高新技术企业工作了,现在已经结婚三年了,我觉得婚后自己最大的转变就是更加追求稳定了。现在毕竟不是单身了,家庭事务会分散我一部分精力,婚后也意味着家庭开支的增加,如孩子的养育、教育费用,所以我现在对物质的追求比结婚前要更加强烈一些,这也是影响我工作积极性的重要因素。我对企业目前的工资水平不是很满意,如果以后有更好的工作机会可能会考虑辞职。

【个案4-42】张某:男,未婚。

我工作4年了,现在还未婚,对我而言,我觉得现在正是干事业的好时候。由于没有家庭的牵绊,我基本上把所有的精力都投入在工作中,希望这几年能够在工作中有所建树。在企业提供的激励方面,我最关注的还是企业能否给我提供良好的发展空间,我觉得这比涨工资更有意义,也是对我工作能力最大的肯定。这几年我在工作中全身心地投入,也得到了领导和同事们的认可,看到自己能为企业的发展尽微薄之力,我感觉自己的工作很有意义。我现在并不是特别重视工资收入,这跟我现在没有家庭负担有重要的关系。

七、薪酬水平对激励要素的影响

由表4-41可知,物质基础和职业发展这两种激励要素的显著性分别为0.000和0.003,均小于显著性水平0.05,可见薪酬水平对这两种激励要素产生了较为显著的影响。人际关系、制度支撑、环境支持三种激励要素的显著性分别为0.078、0.267、0.331,均大于显著性水平0.05,可见薪酬水平对这三种激励要素没有显著性的影响。

表4-41 薪酬水平对激励要素的方差分析

激励要素	方差来源	平方和	均方	显著性
	组间	3.288	2.039	
物质基础	组内	69.245	0.332	0.000
	总平方和	72.533		

续表

激励要素	方差来源	平方和	均方	显著性
职业发展	组间	5.398	0.856	0.003
	组内	80.155	0.462	
	总平方和	85.553		
人际关系	组间	10.084	4.443	0.078
	组内	133.523	0.521	
	总平方和	143.607		
制度支撑	组间	3.776	0.602	0.267
	组内	88.061	0.439	
	总平方和	91.837		
环境支持	组间	3.873	1.762	0.331
	组内	99.442	0.336	
	总平方和	103.315		

表4-42显示了薪酬水平对物质基础和职业发展这两种激励要素的具体影响。从物质基础来看，随着薪酬水平的不断提高，"90后"知识型员工得分的均值也在逐渐增加。这说明薪酬水平越低的"90后"知识型员工对企业所提供的工资、奖金、福利等物质基础越看重。人只有在物质需求得到满足的前提下才会产生其他方面的需求。随着"90后"知识型员工薪酬水平的不断提高，他们会更加关注职业发展、人际关系、工作环境等精神层面的激励，对物质方面的重视程度自然也会逐渐降低。

表4-42　薪酬水平对激励要素的影响

薪酬水平（年薪）	物质基础	职业发展
5万元及以下	2.220	4.185
6万~10万元	2.673	3.331
11万~15万元	3.145	2.863
15万元以上	4.088	2.304

从职业发展这一激励要素来看，随着薪酬水平的不断提高，"90后"知识型员工得分均值逐渐下降。这说明薪酬水平越高的"90后"知识型员工越重视自

身的职业发展。在物质收入水平得到满足后，很多员工将职业发展作为自身价值的重要衡量标准，他们更加期望获得晋升和提拔的机会，更加希望通过参加一些培训和进修来提高自己的知识技能水平，为职业发展奠定良好的基础。

在对高新技术企业部分"90后"知识型员工进行访谈时，研究者设置了以下问题："您对目前的薪酬水平满意吗？您认为薪酬水平对激励因素的选择有什么影响？"下面选取三位"90后"知识型员工关于此问题的回答，从中我们可以看出薪酬水平差异对"90后"知识型员工激励因素选择方面的影响。

【个案4-43】孙某：男，薪酬水平为7万元。

我工作4年了，目前的年收入差不多7万元，我对自己薪酬水平不是很满意。这两年企业的效益很好，但是员工的工资水平上涨幅度却很小，我觉得高新技术企业普通员工的年收入应该在10万元。这个行业竞争压力大，在业务量大时员工加班加点是常事，现在7万元的年收入水平和我的付出显然不成正比。另外，我感觉企业收入分配不是很公平，很多员工对现在的收入分配制度并不满意。我想只有满足员工基本的物质需求后，才能真正激发员工的工作积极性。

【个案4-44】刘某：男，薪酬水平为13万元。

目前我的年收入水平差不多是13万元，我对这个收入水平还是很满意的。我现在住的是父母的房子，没有房贷的压力，这个收入水平养家糊口完全没有问题。工作这几年我的收入增长较快，我很有成就感。由于工作业绩突出，现在我已经是部门中的一名小负责人了。我认为薪酬水平对激励因素选择的影响是：薪酬水平越高，对精神方面的激励因素越看重。像我现在这种情况，我对物质方面没有什么要求，主要是希望部门内同事之间相处愉快，团队的凝聚力增强；也希望领导更加信任我，多将一些重要任务交给我完成，这样我也能获得更快的成长。

【个案4-45】张某：女，薪酬水平为9万元。

目前我的薪酬水平将近9万元，作为一名专科学历的女性，能有这样的收入水平我还是比较满意的。虽然平时的工作较忙，有时顾不上家庭和孩子，但工作能带给我强烈的满足感和成就感。有人说"90后"吃不了苦、受不了累，我想这是对我们"90后"的偏见，实际上大多数"90后"在工作中特别投入，也很容易知足。我特别希望得到尊重、认可、赏识，这会使我在工作中信心倍增，更加积极主动工作。

第八节 本章小结

第一,本章从问卷的设计、数据的收集、样本基本信息的分析这几个方面对高新技术企业"90后"知识型员工激励现状的调研过程进行了说明,使读者了解调查问卷的设计流程、设置内容、调查对象。

第二,运用SPSS 22.0对数据进行了描述性统计分析,包括单项选择题的描述性统计结果和多项选择题的描述性统计结果。单项选择题的描述性统计结果涉及"90后"知识型员工激励感知状况、"90后"知识型员工自身能力发挥程度、影响"90后"知识型员工工作积极性的因素排序情况、"90后"知识型员工对企业使命及愿景的认同情况、"90后"知识型员工对企业团队合作氛围的认可情况、"90后"知识型员工对企业晋升渠道的满意度情况等方面。多项选择题的描述性统计结果涉及"90后"知识型员工对工作因素的重视程度、企业针对"90后"知识型员工提供的福利、影响工作积极性的主要原因、在工作中出现差错时领导的态度、希望企业的哪些激励措施能够得到加强、企业里比较常见的情形等方面。在描述性统计分析部分,还加入了对部分"90后"知识型员工和管理者的访谈案例。

第三,调查数据的因子分析。通过因子分析提取出了物质基础、职业晋升机会、培训学习机会、领导认可与信任、同事关系、制度规定、管理流程、信息沟通环境、工作条件、企业文化十个高新技术企业"90后"知识型员工激励的主因子。另外,构建了高新技术企业"90后"知识型员工激励模型,该模型以物质基础、职业发展、人际关系、制度支撑、环境支持五大激励要素为基础,通过员工敬业度这一中介变量的影响,在工作能力和组织战略这两个调节变量的作用下,对组织绩效产生不同程度的影响。本章对模型中五种要素之间的关系、模型中的中介变量及其来源、模型中的调节变量及其来源进行了详细说明。

第四,分析了高新技术企业"90后"知识型员工的性别、年龄、学历层次、工作岗位、工作年限、婚姻状况、薪酬水平等个体变量对物质基础、职业发展、人际关系、制度支撑、环境支持五大激励要素的影响。在分析过程中,首先通过方差分析法分析每种个体变量对五种激励因素的影响是否显著，然后对影响显著的激励因素进行详细的均值分析。另外，在对每种个体变量的分析中加入访谈案例，可以更为准确地反映个体变量对物质基础、职业发展、人际关系、制度支撑、环境支持五种激励因素产生的不同影响。

第五章　高新技术企业"90后"知识型员工激励对组织绩效影响的实证研究

本章将深入分析物质基础、职业发展、人际关系、制度支撑、环境支持五大激励要素对组织绩效的作用方向和作用路径，分析员工敬业度这一中介变量的中介效应及工作能力、组织战略这两个调节变量的调节效应。

第一节　假设的提出

实证研究的前提是要在文献综述的基础上提出相关的研究假设。下面将提出并说明物质基础、职业发展、人际关系、制度支撑、环境支持五种激励要素对组织绩效影响的相关假设，并考虑了员工敬业度这一中介变量及工作能力、组织战略这两个调节变量的影响。

一、物质基础与组织绩效

物质基础对激励员工的重要作用很早就引起了相关学者的重视，学者们在进行研究的同时也取得不少研究成果。Steven（2005）的研究表明，员工的工作满意度受到多种因素的影响，其中薪酬的增加对提高员工工作满意度的作用尤为显著。Harald（2006）提出，在企业制定的激励措施中，工资水平的作用不容忽视，企业应将较高的工资水平作为激励员工的重要手段。Nohria 等（2008）认为，工资报酬的重要性应该得到足够重视，应作为企业设置激励机制时首要关注的因素。陈涛（2010）认为，较低的薪酬无法满足科技人员的经济需要，这是导致科技人员工作积极性不足的主要原因。李海红和刘永安（2011）认为，企业应该重视知识型员工的工资及奖金发放等方面的激励，这应该作为企业激励政策制定时关注的重点。

关于物质激励与组织绩效的关系方面，相关研究成果体现在：Uen 和 Chien（2004）通过对中国台湾地区高科技企业研发人员进行研究，发现大多数研发人员将物质激励作为众多激励要素中最重要的一个，认为企业良好的物质激励措施不仅有利于研发人员个体绩效的提升，还有助于形成团队凝聚力，促进组织绩效的整体提升。潘红波和余明桂（2014）认为，知识型员工在工作中表现出的一些消极行为如懈怠、对抗、焦躁等，与企业的物质激励措施不到位密切关系。因此，要提高知识型员工的创新积极性，并在此基础上提升企业的创新能力和组织绩效，就必须重视对知识型员工的物质激励。钱爱民（2014）认为，经济性报酬对降低员工的流动性具有最直接的作用，能在很大程度上确保团队的稳定，为组织绩效的提升提供保障。Chang 等（2015）通过研究指出，较高的薪酬激励水平有利于增进知识型员工对企业和领导的认可，使员工产生更多的自我学习行为，对组织绩效的提升做出更大的贡献。基于以上分析，本书提出如下假设：

H1 "90后"知识型员工物质基础激励要素对组织绩效具有显著的正向影响。

二、职业发展与组织绩效

陈珉和秦兴方（2005）认为，适时地对员工加以晋升，能在很大程度上降低员工职业倦怠发生的可能性，与其他激励方式相比，晋升对提高员工的工作满意度效果最为明显。张伶和张正堂（2008）提出，企业给予知识型员工良好的晋升渠道与发展空间，有助于他们形成积极乐观的工作态度，获得工作中的安全感和成就感。刘亚伟和郑宝红（2015）认为，作为一种长期激励方式，晋升激励不仅可以为知识型员工带来物质利益，更重要的是能够满足他们精神方面的需求。杜鹏程（2010）认为，组织满足知识型员工的晋升期望，会对员工的创新行为和组织绩效产生积极的正向作用。杜鹏程和孔德玲（2012）认为，晋升会对知识型员工的工作行为产生积极的推动作用，知识型员工为了获取在晋升中的竞争优势，会通过自我学习不断提升自己的业绩表现，企业中大多数员工都表现出这种积极行为，将有助于促进组织绩效的提升。樊耕等（2013）认为，职业中的晋升所带给知识型员工的较高的成就感及良好的社会声誉，将会更好地约束知识型员工的工作行为，有助于促进组织绩效的提升。基于以上分析，本书提出如下假设：

H2　"90后"知识型员工职业发展激励要素对组织绩效具有显著的正向影响。

三、人际关系与组织绩效

人际关系主要指与领导及同事之间的关系。相关研究表明，良好的人际关系对组织绩效的提升具有重要影响。林熙贞（2005）以共享认知的作用为中心，研究了知识劳动者团队有效性的整合模式，认为团队的有效性有利于组织绩效的提升。王询和于颖（2007）认为，人际关系对组织运行的效率具有非常重要的影响。Pyoria（2007）指出，在知识密集型企业，良好的团队合作和娴熟的管理比使用最新的技术更有利于提升工作绩效。李德路和金泰烈（2010）以电气、通信、半导体等韩国高科技产业的 200 个团队为研究对象，建立了领导能力和团队绩效之间的联系纽带，研究发现领导能力与个人能力的结合有助于改善团队绩效。范哲奎（2013）研究了共享领导对组织承诺和组织绩效的影响，研究结果表明工作环境的多样性需要领导者的垂直领导和水平领导，共享型领导有助于提升组织绩效。王艳子等（2014）指出，领导对知识型员工创新行为的支持会向员工传递良好的组织价值观与组织文化，增强员工对组织的认同感，提高员工的创新积极性。罗瑾琏等（2016）认为，单一变革型领导由于过分强调与下属之间的交易型关系，因此容易引起组织管理中的协调性缺失和无序化状态，引起下属高层次工作动机的缺失和自主性的下降。Muhammad 等（2018）在研究授权型领导和员工绩效之间的关系时得出授权型的领导风格对促进员工绩效具有积极的正向作用结论。Kundu 等（2019）通过相关研究也指出，企业内授权型领导可以在很大程度上提升工作绩效。孙柏鹏和余倩倩（2021）认为，员工创新绩效与领导行为、组织创新氛围及组织文化等因素密切相关，变革型、交易型、真实型等多种领导行为均会对员工创新绩效产生重要影响，进而影响组织绩效。基于以上分析，本书提出如下假设：

H3　"90后"知识型员工人际关系激励要素对组织绩效具有显著的正向影响。

四、制度支撑与组织绩效

制度支撑主要指企业的制度规定和相关的管理流程，如休息休假制度、绩效考评制度、决策制定过程、工作流程等。余传鹏（2015）认为，企业通过管理制度的创新，可以优化决策过程，健全的决策过程有助于促进组织绩效的提升。卢艳秋等（2017）通过研究指出，组织惯例、制度规定有助于减少领导者与员工之间的沟通障碍，有助于良好组织关系的形成，有助于组织的稳定性和协调性，对组织绩效的提升具有显著影响。由此，本书提出以下研究假设：

H4 "90后"知识型员工制度支撑激励要素对组织绩效具有显著的正向影响。

五、环境支持与组织绩效

环境支持包括企业内部信息交流沟通环境、工作条件、文化氛围等方面的内容。李钟勋等（2002）以韩国知识密集型服务产业为研究对象，通过对知识劳动者的需求变化进行考察，得出对知识劳动者进行培训的人力资源管理系统和知识共享对企业绩效的提升具有重要影响。金钟旭（2004）通过实证研究分析了影响组织内知识共享的主要因素，研究表明共享型的文化氛围有助于组织绩效的提升。冯天学和田金信（2005）指出，企业文化对组织发展的重要作用体现在：在一个具有良好组织文化的企业内部，员工之间更有机会相互学习、共享知识，员工互动的机会更多，交流沟通的意愿更强，这些方面为提高组织绩效奠定了良好的基础。Inkpen和Tsang（2005）通过研究指出，企业内部良好的信息沟通环境有利于企业知识资本的增值和组织绩效的提升。白贵玉等（2016）认为，通过改善工作场所的硬件设施等工作条件，可以改善知识型员工的工作态度，提高知识型员工的工作效率，有助于组织绩效的提升。由此，本书提出以下研究假设：

H5 "90后"知识型员工环境支持激励要素对组织绩效具有显著的正向影响。

六、员工敬业度与组织绩效

员工敬业度与工作成果密切相关，是衡量员工幸福感的重要标准。员工敬业度高意味着即使在低效、功能失调、不和谐的团队中，个体也可能拥有较高的幸福感；工作敬业度低则意味着即使在高效、功能性强、健康的团队中，个体也可能表现出较低的参与度。

员工敬业度与公司的盈利能力有直接关系，高敬业度有利于改善员工的工作绩效，有效提升品牌知名度、生产率及利润率。研究表明：如果一家企业25%的员工具有较低的敬业度，那么就会导致员工流动率增加35%~51%，库存损耗率提高51%，工作场所事故率增加62%。Kahn（1992）认为，敬业度不仅会影响员工工作质量和工作经验等个体层面的结果，还会影响组织产出和组织成长等组织层面的结果。敬业度高的员工有利于企业生产率的提高和利润空间的增大。Harte等（2002）的研究结果表明，员工的敬业度越高，其对组织的依赖性越强，离职的可能性越低，越能全身心投入工作中，创造的组织绩效也会越高。Ockwood（2006）指出，员工敬业度具有一定的示范效应，团队中某一个或者某几个员工的敬业度较高，往往会带动整个团队敬业度的提高，该团队的绩效结果会更好。反之，团队中某一个或者某几个员工具有较低的敬业度，整个团队的工作绩效也会受到消极影响。李鸿雁和吴小节（2014）认为，员工敬业度与组织绩效具有密切关系，较高的员工敬业度在提升组织生产力、增加企业利润、提升顾客满意度、减少员工流失和事故的发生等方面具有重要作用。

盖洛普采用Q12模型对敬业度进行了分析，研究结论显示：在影响组织绩效的众多指标中，敬业度这一指标的作用尤为突出。它不仅能对组织绩效结果产生直接影响，还会通过影响企业相关指标间接地对组织绩效产生影响。威特咨询公司的调研结果显示，员工敬业度对组织绩效的提升主要体现在较高的客户满意度和认可度、市场销售额的提升、团队凝聚力的增强等方面。基于以上学者的相关研究成果，本书提出以下研究假设：

H6　员工敬业度在"90后"知识型员工物质基础激励要素与组织绩效作用过程中起到中介作用。

H7　员工敬业度在"90后"知识型员工职业发展激励要素与组织绩效作用过程中起到中介作用。

H8　员工敬业度在"90后"知识型员工人际关系激励要素与组织绩效作用过程中起到中介作用。

H9　员工敬业度在"90后"知识型员工制度支撑激励要素与组织绩效作用

过程中起到中介作用。

H10　员工敬业度在"90后"知识型员工环境支持激励要素与组织绩效作用过程中起到中介作用。

七、工作能力、组织战略与组织绩效

员工的工作能力与敬业度之间有着密切的关系，对组织绩效的提升至关重要。有研究表明，员工工作能力对敬业度的影响是成次方变化的，如果把工作能力设定为 R，那么其对敬业度的影响结果为 R 的 n 次方。Youndt 和 Snell（2004）指出，工作能力强的员工通过自身能力的运用，可以优化产品和服务，提高顾客满意度。因此，工作能力越强的员工，对企业所产生的价值就越大。赵曙明（2012）指出，员工通过运用自身积累的经验和专业技术改善生产工艺流程，有助于产品性能的改善和市场占有率的提高，进而提升企业绩效。李航等（2014）认为，员工较高的综合素质代表其较强的工作胜任能力，在工作过程中与工作岗位的匹配度更强，这些都有利于工作绩效的提升。此外，研究发现，越是敬业度高的员工越注重自己工作能力的提升，工作能力的提高又促使员工更加关注工作，其敬业度便会更高。[①]

组织的战略决策反映了领导者的战略规划能力，战略决策的正确与否对组织绩效具有决定性影响（Ansoff，1965）。如果企业从发展战略上不鼓励"90后"知识型员工的创新行为，那么即使工作能力很强的"90后"知识型员工也难有创新成果。相反，以促进企业创新性发展的组织战略会从物质层面、制度层面、文化层面等体现出对"90后"知识型员工发展的重视和支持，能为他们开展创新和研发活动提供良好的环境。基于以上分析，本书提出以下研究假设：

H11　工作能力在员工敬业度对组织绩效作用过程中起到调节作用。

H12　组织战略在员工敬业度对组织绩效作用过程中起到调节作用。

---

① 谢文辉. 敬业：美国西点军校的团队核心精神［M］. 北京：中国商业出版社，2004.

第二节　变量测量

一、中介变量测量：员工敬业度

在编制员工敬业度的测量题项时，研究者主要参考了 Saks 于 2006 年开发的员工敬业度量表及 Balfour 和 Wechsler（1996）的组织承诺量表。形成了测量员工敬业度的 4 个题项：①我对工作投入了大量的时间和精力；②我总是想方设法提高工作效率；③我不会轻易离开现在所就职的企业；④我致力于高质量的工作。

二、调节变量测量：工作能力

工作能力量表参考了 Abdel-Halim 于 1981 年编制的工作能力在角色认知与工作满意度之间的调节作用量表。通过对参考的量表进行修改，最终形成了包含 5 个题项的测量量表：①我能充分胜任目前的工作；②我的工作能力得到领导和同事的认可；③我有很强的科研能力和创新能力；④我能在工作与生活之间保持适度的平衡；⑤我能很好地排解工作中的压力，享受工作带来的乐趣，高效率地完成工作。

三、调节变量测量：组织战略

组织战略量表的编写主要是根据前期对高新技术企业管理层的访谈，了解高新技术企业从组织战略层面对"90后"知识型员工激励所提供的保障。组织战略量表包括 4 个题项：①企业具有明确的经营和发展战略；②企业十分重视"90后"知识型员工的发展；③企业表彰和奖励"90后"知识型员工的创新行为；④企业能够根据内外部环境的变化，迅速调整组织战略。

四、因变量测量：组织绩效

组织绩效量表在设计时主要参考了孙田江在 2016 年制定的关于企业研发人

才的组织绩效量表。① 在进行修改和调整的基础上，通过 5 个题项来表示组织绩效这一因变量：①近年来，企业的研发成果数量显著增加；②近年来，企业新产品销售额显著提高；③近年来，本企业与竞争对手相比能较快地推出新产品；④近年来，本企业专利申请数量增多；⑤近年来，本企业产品的市场占有率显著提高。

第三节　探索性因子分析

一、检验是否适合因子分析

这部分数据的收集过程与第四章高新技术企业"90后"知识型员工激励状况调查数据的收集过程是同步进行的。根据表 5-1 的结果可以看出，KMO 值为 0.887，大于 0.7；显著性概率为 0.000。这说明将数据进行探索性因子分析是非常合适的。

表 5-1　KMO 与巴特利特球形检验

KMO 取样适切性量数		0.887
巴特利特球形检验	近似卡方	1388
	自由度	116
	显著性概率	0.000

二、因子分析结果

因子分析最终提取了 4 个特征值大于 1 的因子（见表 5-2），这 4 个因子总共解释了 77.525% 的总方差。研究者在分析过程中发现"我能很好地排解工作中的压力，享受工作带来的乐趣，高效率地完成工作""近年来，本企业专利申请

---

① 孙田江. 民营医药企业研发人才激励及其对创新绩效的作用机理［D］. 镇江：江苏大学博士学位论文，2016.

数量增多"这 2 个题项出现了跨载荷超过 0.5 的情况，故将这 2 个题项予以删除，剩余的 16 个题项可以较好地分布于各个因子之中。我们分别将因子命名为"员工敬业度""工作能力""组织战略""组织绩效"。

表 5-2　中介变量、调节变量、因变量的因子分析

测量题项	员工敬业度	工作能力	组织战略	组织绩效
我总是想方设法提高工作效率	0.887	0.124	0.088	0.043
我致力于高质量的工作	0.793	0.334	0.126	0.156
我不会轻易离开现在所就职的企业	0.651	0.076	0.088	0.075
我对工作投入了大量的时间和精力	0.622	0.128	0.148	0.167
我的工作能力得到领导和同事的认可	0.356	0.859	0.371	0.234
我有很强的科研能力和创新能力	0.215	0.832	0.282	0.301
我能充分胜任目前的工作	0.131	0.788	0.199	0.226
我能在工作与生活之间保持适度的平衡	0.401	0.658	0.055	0.137
企业十分重视"90后"知识型员工的发展	0.167	0.134	0.877	-0.235
企业表彰和奖励"90后"知识型员工的创新行为	0.308	0.076	0.764	0.069
企业能够根据内外部环境变化，迅速调整组织战略	-0.229	0.158	0.732	0.239
企业具有明确的经营和发展战略	0.025	0.278	0.675	0.055
近年来，企业与竞争对手相比能较快地推出新产品	0.235	0.187	0.266	0.718
近年来，企业的研发成果数量显著增加	0.177	0.288	0.356	0.701
近年来，本企业产品的市场占有率显著提高	0.176	0.223	0.321	0.644
近年来，企业新产品销售额显著提高	0.088	0.063	0.129	0.605
因子方差贡献率	22.306	19.223	18.518	17.478
累计方差贡献率	22.306	41.529	60.047	77.525

三、信度和效度分析

由表 5-3 可知，4 个量表分层 α 值分别为 0.881、0.847、0.784、0.715，均在 0.7 以上，说明量表具有良好的信度。另外，本调查问卷是在对高新技术企业管理者及"90后"知识型员工进行深度访谈的基础上制定的，并且邀请了人力

资源管理领域的专家进行了多次论证。因此，量表的内容效度是可靠的。表5-3显示，量表中各因子的标准载荷在0.655~0.903，并且AVE值在0.699~0.802，说明量表具有良好的结构效度。

表5-3　量表的Cronbach's α系数、标准载荷、AVE值

变量名称	测量项目数	分层α值	标准载荷	AVE值
员工敬业度	4	0.881	0.811	0.718
工作能力	4	0.847	0.781	0.802
组织战略	4	0.784	0.903	0.767
组织绩效	4	0.715	0.655	0.699

第四节　变量的相关性分析

通过对调查数据进行相关性分析可以对研究假设进行初步的检验，变量间的相关分析结果见表5-4。

表5-4　变量的相关系数统计分析

变量名称	1	2	3	4	5	6	7	8	9
物质基础	1								
职业发展	0.667**	1							
人际关系	0.461**	0.549**	1						
制度支撑	0.553**	0.118	0.601**	1					
环境支持	0.498**	0.618**	0.562*	0.773**	1				
员工敬业度	0.605**	0.521*	0.107	0.112	0.327**	1			
工作能力	0.278	0.034	0.031	0.048	0.143	0.126	1		
组织战略	0.181	0.062	0.064	0.022	0.066	0.077	0.267	1	
组织绩效	0.718**	0.692**	0.571**	0.521**	0.651**	0.529**	0.408**	0.439**	1

注：表中数值为皮尔逊相关系数值；*表示显著性水平为0.05的相关检验；**表示显著性水平为0.01的相关检验。

通过观察表5-4中变量的相关系数统计分析，我们可以得出以下结论：

第一，高新技术企业"90后"知识型员工激励的五大要素即物质基础、职业发展、人际关系、制度支撑、环境支持与组织绩效之间均呈现显著的相关关系，相关系数分别为0.718、0.692、0.571、0.521、0.651，并且均在1%的水平下显著。这说明五大激励要素对组织绩效的提升具有一定的影响。

第二，中介变量员工敬业度，调节变量工作能力和组织战略均与组织绩效之间呈现显著的相关关系，相关系数分别为0.529、0.408、0.439且均在1%的水平下显著。这说明员工敬业度、工作能力、组织战略也会对组织绩效的提升产生不同程度的影响。

第三，高新技术企业"90后"知识型员工激励的五大要素即物质基础、职业发展、人际关系、制度支撑、环境支持之间存在一定的相关关系。其中，物质基础与其他四个要素之间的相关系数分别为0.667、0.461、0.553、0.498，并且在1%的水平下显著；职业发展与人际关系、环境支持的相关系数分别为0.549、0.618，并且在1%的水平下显著；人际关系与制度支撑、环境支持的相关系数分别为0.601、0.562，并且分别在1%和5%的水平下显著；制度支撑与环境支持之间的相关系数为0.773，并且在1%的水平下显著。在对五大要素的相关性检验中，只有职业发展与制度支撑这两个要素之间不存在相关关系。

第四，"90后"知识型员工激励要素中的物质基础、职业发展、环境支持与中介变量员工敬业度之间存在一定的相关关系。其中，物质基础与员工敬业度之间的相关系数为0.605，并且在1%的水平下显著；职业发展与员工敬业度之间的相关系数为0.521，并且在5%的水平下显著；环境支持与员工敬业度之间的相关系数为0.327，并且在1%的水平下显著。

第五节　激励各要素对组织绩效的影响

本部分采用多元线性回归分析法考察高新技术企业"90后"知识型员工激励各要素对组织绩效的影响程度。在分析时，研究者将因变量（预测变量）设置为组织绩效，将自变量分别设置为物质基础、职业发展、人际关系、制度支撑、环境支持五大激励要素。多元线性回归分析结果见表5-5、表5-6和表5-7。

表5-5 模型摘要

模型	R	R^2	调整后的 R^2	估计的标准误
1	0.953	0.919	0.912	2.521

表5-6 方差分析

模型		平方和	自由度	均方	F 值	显著性
	回归	22.284	5	6.191	186.402	0.000
1	残差	4.902	188	0.413		
	总和	27.186	193			

表5-7 回归系数

模型		标准化回归系数	t 值	显著性	容忍度	方差膨胀因子
	常数	0.812	8.729	0.000		
	物质基础	3.098	6.228	0.000	0.447	2.106
	职业发展	3.146	10.042	0.000	0.589	1.467
1	人际关系	2.341	8.147	0.008	0.864	2.662
	制度支撑	0.884	5.018	0.017	0.621	2.068
	环境支持	2.628	3.499	0.082	0.833	1.512

由表5-5可知，调整后的 R^2 为0.912，表明模型的整体拟合度良好。由表5-7可知，物质基础、职业发展、人际关系、制度支撑、环境支持的容忍度都大于0.4，方差膨胀因子均在2.7以下，这表明模型的自变量不存在共线性问题。表5-6的显著性为0.000，表示该模型整体是显著的。

由表5-7的回归系数可知，物质基础与组织绩效回归的标准化回归系数为3.098，t值为6.228，显著性为0.000，表明通过显著性检验，H1得到验证；职业发展与组织绩效回归的标准化回归系数为3.146，t值为10.042，显著性为0.000，表明通过显著性检验，H2得到验证；人际关系与组织绩效回归的标准化回归系数为2.341，t值为8.147，显著性为0.008，表明通过显著性检验，H3得到验证；制度支撑与组织绩效回归的标准化回归系数为0.884，t值为5.018，显著性为 0.017，表明通过显著性检验，H4 得到验证；环境支持与组织绩效回归的标准化回归系数为 2.628，t 值为 3.499，显著性为 0.082（大于 0.05），表明没有通过显著性检验，H5 没有得到验证。综上所述，高新技术企业"90后"知识型员工激励要素与组织绩效关系的假设验证情况见表 5-8。

表 5-8 "90后"知识型员工激励各要素对组织绩效的影响

假设	假设内容	验证情况
H1	"90后"知识型员工物质基础激励要素对组织绩效具有显著的正向影响	通过验证
H2	"90后"知识型员工职业发展激励要素对组织绩效具有显著的正向影响	通过验证
H3	"90后"知识型员工人际关系激励要素对组织绩效具有显著的正向影响	通过验证
H4	"90后"知识型员工制度支撑激励要素对组织绩效具有显著的正向影响	通过验证
H5	"90后"知识型员工环境支持激励要素对组织绩效具有显著的正向影响	未通过验证

第六节 员工敬业度的中介作用检验

为了检验员工敬业度在"90后"知识型员工激励要素与组织绩效之间的中介作用，需要依次进行自变量（物质基础、职业发展、人际关系、制度支撑、环境支持）与中介变量（员工敬业度），中介变量（员工敬业度）与因变量（组织绩效）的回归分析。

研究者分别以物质基础、职业发展、人际关系、制度支撑、环境支持为自变量，以员工敬业度为因变量进行回归分析，回归分析结果见表 5-9。

表 5-9 激励要素与员工敬业度的回归结果

激励要素	员工敬业度				
	回归系数	调整后 R^2	F 值	容忍度	方差膨胀因子
物质基础	0.476**	0.246	76.188**	0.455	2.531

续表

激励要素	员工敬业度				
	回归系数	调整后 R^2	F 值	容忍度	方差膨胀因子
职业发展	0.363*	0.379	98.056**	0.372	3.087
人际关系	0.469**	0.355	156.403**	0.778	2.019
制度支撑	0.288**	0.298	80.777*	0.541	2.068
环境支持	0.173*	0.301	108.310**	0.649	1.488

注：* 表示 P<0.05，** 表示 P<0.01。

由表 5-9 可知，五个模型均通过 F 检验，调整后的 R^2 分别为 0.246、0.379、0.355、0.298、0.301，表明模型的整体拟合度较好。五个自变量的容忍度分别为 0.455、0.372、0.778、0.541、0.649，方差膨胀因子分别为 2.531、3.087、2.019、2.068、1.488，表明不存在多重共线性。物质基础、职业发展、人际关系、制度支撑、环境支持的回归系数均通过了 T 检验，表明五种激励要素均对员工敬业度具有显著的作用。下面检验中介效应的作用强度，回归分析结果见表 5-10。

表 5-10　激励要素、员工敬业度与组织绩效的回归结果

序号	变量	组织绩效				
		回归系数	调整后 R^2	F 值	容忍度	方差膨胀因子
1	物质基础	0.188	0.309	88.246**	0.566	1.998
	员工敬业度	0.383**			0.439	5.022
2	职业发展	0.272**	0.267	121.109**	0.688	3.872
	员工敬业度	0.320**			0.461	6.128
3	人际关系	0.098**	0.301	55.998**	0.602	4.336
	员工敬业度	0.566**			0.721	6.001
4	制度支撑	0.305**	0.328	107.254**	0.533	3.219
	员工敬业度	0.761**			0.478	4.831
5	环境支持	0.299	0.256	85.552**	0.609	5.773
	员工敬业度	0.508**			0.442	2.184

注：* 表示 P<0.05，** 表示 P<0.01。

由表5-10可知，五个模型均通过F检验，调整后的 R^2 分别为0.309、0.267、0.301、0.328、0.256，表明模型的整体拟合度较好。物质基础、环境支持两个变量的回归系数未通过T检验，表明物质基础、环境支持对组织绩效的作用全部是通过员工敬业度间接产生的。职业发展、人际关系、制度支撑、员工敬业度的回归系数通过了T检验，表明职业发展、人际关系、制度支撑对组织绩效既存在直接作用，也存在中介作用（以员工敬业度为中介变量）。

根据以上分析，可以对研究假设H6、H7、H8、H9、H10进行验证，验证情况见表5-11。

表5-11　员工敬业度的中介效应验证情况

假设	假设内容	验证情况
H6	员工敬业度在"90后"知识型员工物质基础激励要素与组织绩效作用过程中起到中介作用	通过验证
H7	员工敬业度在"90后"知识型员工职业发展激励要素与组织绩效作用过程中起到中介作用	通过验证
H8	员工敬业度在"90后"知识型员工人际关系激励要素与组织绩效作用过程中起到中介作用	通过验证
H9	员工敬业度在"90后"知识型员工制度支撑激励要素与组织绩效作用过程中起到中介作用	通过验证
H10	员工敬业度在"90后"知识型员工环境支持激励要素与组织绩效作用过程中起到中介作用	通过验证

第七节　工作能力和组织战略的调节作用检验

本部分需要对工作能力、组织战略这两个变量在员工敬业度对组织绩效影响过程中的调节作用进行检验。本书在进行调节效应检验时，首先将自变量员工敬业度和调节变量工作能力、组织战略相关数据进行中心化，其次计算出三个变量中心化后的数值及其乘积项，最后进行层次回归分析。

检验工作能力在员工敬业度与组织绩效之间的调节效应，组织绩效（A1）

的自变量为员工敬业度和工作能力，因变量为组织绩效；组织绩效（A2）加入了交互项。工作能力调节效应的层次回归模型见表5-12。

表5-12　工作能力调节效应的层次回归模型

项目	组织绩效（A1）	组织绩效（A2）
员工敬业度	0.298***	0.271***
工作能力	0.455***	0.446***
员工敬业度×工作能力		0.173***
R^2	0.412	0.487
ΔR^2		0.075***
标准误差	0.511	0.524
F值	143.177***	101.034***

注：***表示P<0.001。

由表5-12可知，组织绩效（A1）和组织绩效（A2）均通过了F检验，表明模型整体拟合良好，并且回归系数均达到0.001的显著性水平。组织绩效（A2）中乘积项的系数为0.173，并且通过了显著性检验，同时R^2的变化明显，因此判断工作能力在员工敬业度与组织绩效间的调节效应显著，H11得到验证。

检验组织战略在员工敬业度与组织绩效之间的调节效应。根据前文同样的分析思路得到表5-13的层次回归模型。

表5-13　组织战略调节效应的层次回归模型

项目	组织绩效（B1）	组织绩效（B2）
员工敬业度	0.461***	0.393***
组织战略	0.367***	0.402***
员工敬业度×组织战略		0.030
R^2	0.503	0.505
ΔR^2		0.002
标准误差	0.522	0.519
F值	319.042***	288.276***

注：***表示P<0.001。

可以看出，两个模型均通过了 F 检验，表明模型整体拟合良好。然而，组织绩效（B2）中乘积项的系数并未通过 T 检验，同时 R^2 的变化仅为 0.002，并不显著，因此判断组织战略在员工敬业度与组织绩效间的调节效应不显著，H12 没有得到验证。综上所述，工作能力和组织战略的调节作用检验结果见表 5-14。

表 5-14　工作能力、组织战略的调节效应验证情况

假设	假设内容	验证情况
H11	工作能力在员工敬业度对组织绩效作用过程中起到调节作用	通过验证
H12	组织战略在员工敬业度对组织绩效作用过程中起到调节作用	未通过验证

第八节　本章小结

第一，本章首先通过文献综述提出了高新技术企业"90后"知识型员工激励各要素对组织绩效影响的相关假设，包括"90后"知识型员工物质基础激励要素对组织绩效具有显著的正向影响、"90后"知识型员工职业发展激励要素对组织绩效具有显著的正向影响、"90后"知识型员工人际关系激励要素对组织绩效具有显著的正向影响、"90后"知识型员工制度支撑激励要素对组织绩效具有显著的正向影响、"90后"知识型员工环境支持激励要素对组织绩效具有显著的正向影响；其次提出了中介变量员工敬业度的相关研究假设；最后提出了调节变量工作能力和组织战略的相关研究假设。

第二，对中介变量、调节变量、因变量进行了探索性因子分析、信度和效度分析等。分析了物质基础、职业发展、人际关系、制度支撑、环境支持五种激励要素对组织绩效的影响。

第三，验证结果显示，大多数的研究假设得到了验证。"90后"知识型员工的物质基础、职业发展、人际关系、制度支撑激励要素对组织绩效均有显著的正向影响；员工敬业度在物质基础、职业发展、人际关系、制度支撑、环境支持五

种激励要素与组织绩效的作用过程中起到中介作用；工作能力在员工敬业度对组织绩效的作用过程中起到调节作用。有两个研究假设没有得到验证，其分别是："90后"知识型员工环境支持激励要素对组织绩效具有显著的正向影响；组织战略在员工敬业度对组织绩效作用过程中起到调节作用。

第六章 高新技术企业"90后"知识型员工激励对策的提出

第一节 把"90后"知识型员工安排在合适的工作岗位上

要提高"90后"知识型员的工作积极性，就要把他们安排在合适的工作岗位上。合适的工作安排是提高员工工作效率的前提，不仅能够充分发挥"90后"知识型员工的自身优势，实现人岗匹配，还可以明确工作目的，避免工作的盲目性，使工作循序渐进、有条不紊。

一、进行科学合理的工作分析

科学合理的工作分析是现代企业管理的客观需要，不仅可以为企业的招聘、培训、绩效管理和薪酬制定工作提供重要依据，还可以使员工对工作树立正确认知，明确自己的工作职责，及时发现工作中存在的问题，改善工作态度，主动提高与工作岗位的匹配度。

科学合理的工作分析是工作安排的重要前提。企业每年要招聘大量的员工，对于新入职的员工，管理者不可能完全知道与他们相关的信息。因此，在对员工进行工作安排之前必须做好详细的工作分析，以便让员工了解每一个工作岗位的具体情况和具体要求。如果越过工作分析这一步直接进行工作安排，就可能出现人岗不匹配的情况，导致有能力的员工没有被安排在富有挑战性的工作岗位上，工作能力欠缺的员工却占据着重要的工作岗位。

高新技术企业管理者要想把"90后"知识型员工安排在合适的工作岗位上，需要按照工作分析的步骤（见图6-1）制定出各部门的岗位工作分析表。图6-1的工作分析模型显示，要想进行科学合理的工作分析就需要明确信息的来源，采取收集信息的有效方法。从信息的来源来看，既可以从外部专家那里获得，也可以从内部员工那里获得。在搜集有关信息的基础上，结合企业特点和岗位特点明确职位信息并编制岗位工作分析表，岗位工作分析表的编制可以从工作描述和工作规范两个方面进行。工作描述包括的内容主要是"90后"知识型员工的工作任务、工作职责和绩效要点，工作规范所包括的内容主要是工作所需的技术条件和"90后"知识型员工的自身条件。

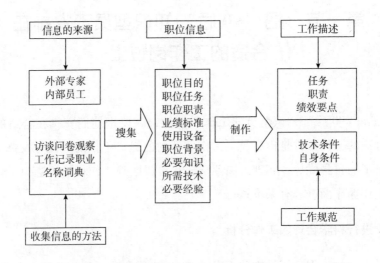

图6-1 工作分析的系统模型

资料来源：孙健敏，周文霞. 管理中的激励［M］. 北京：企业管理出版社，2004.

二、发挥工作本身的激励作用

工作本身的吸引力，不仅可以充分激发员工的内驱力，使员工获得社会地位和归属感，还可以使员工被需要、被欣赏、被认同的情感需求得以满足。工作本身如果没有吸引力，则很容易使员工产生疲惫和不满，极大地影响员工工作效率的提升。因此，管理者除了考虑制定一些针对"90后"知识型员工的激励措施外，还应该把重点放在如何更好地发挥工作本身的激励作用上。具体来说可以从以下四点做起：

第一，高新技术企业在对"90后"知识型员工进行工作设计时必须提高工作任务本身的多样性、重要性、自主性，这是提高工作吸引力和激励效果的基础。"90后"知识型员工对工作的要求较高，他们讨厌单一的、简单的、依赖性强的工作。因此，管理者必须从关注工作本身的设计上下功夫，要注重工作任务的灵活多样性，将企业的一些重要工作，特别是那些能够充分发挥员工自主性的任务交给"90后"知识型员工。

第二，充分激发员工的兴趣。富有兴趣的工作任务对"90后"知识型员工具有天然的吸引力，如果管理者能够把握员工的工作兴趣，找准员工的兴趣点，并将工作任务与员工兴趣结合起来，那么员工便会努力工作，为企业发展做出贡献。因此，管理者在安排工作任务之前需要充分了解"90后"知识型员工的兴趣，必要时可以建立员工的兴趣档案，使"90后"知识型员工有机会获得既能充分发挥自己的知识技能又能满足自己兴趣爱好的工作任务。

第三，注重对工作任务的优化。工作任务的优化既包括横向任务的优化也包括纵向任务的优化。横向来说，管理者在安排工作任务时需要着力提高工作任务的宽度和覆盖面，使工作任务充分反映出"90后"知识型员工的知识技能水平。纵向来说，要注重工作任务的过程管理，通过流程化、精细化的任务划分和充分授权，提高员工的自主工作能力，增强其责任意识。[①] 要使"90后"知识型员工认识到自己在整个任务流程中的重要地位及对企业的重要影响，增强员工的忧患意识，提高他们的工作主动性。

第四，给予员工及时的反馈和奖励。员工虽然关注工作的过程，但是他们更关注工作的结果，及时的反馈可以使"90后"知识型员工了解自己的工作结果。如果员工无法通过有效途径获得及时的工作反馈，就会觉得自己不受重视而降低工作热情。因此，高新技术企业管理者在注重对"90后"知识型员工的工作过程进行监管的同时，也要注重对工作结果的及时反馈，并根据工作结果的不同给予"90后"知识型员工不同的奖励。这种既有过程管理又有结果反馈；既有监

---

① 孙健敏，周文霞. 管理中的激励［M］. 北京：企业管理出版社，2004.

督又有奖励的管理方式更有利于发挥工作对"90后"知识型员工的激励作用。

三、结合"90后"知识型员工的性格特点进行工作安排

"90后"知识型员工的性格特点不同，对工作任务的适应性就不同。高新技术企业管理者在对"90后"知识型员工进行工作安排时必须考虑员工的性格特点。我们可以把"90后"知识型员工按照性格特点的不同分为四种类型，分别是权力型、说服型、执行型、疑虑型。权力型员工的性格特点表现为：热衷于对权力的追求；敢于冒险、喜欢挑战；急于建树、决策果断。说服型员工的性格特点表现为：具有良好的人际关系；处理问题不草率不盲目；善于通过说服别人获得更多的报酬、利益和赞赏。执行型员工的性格特点表现为：全力以赴地执行上级的命令和指示；具有强烈的责任感；追求工作安全感。疑虑型员工的性格特点表现为：对任何事情都持有怀疑、批评的态度；观察仔细且会提出一些出人意料的问题。

高新技术企业管理者在对"90后"知识型员工进行工作安排时需要结合其性格特点。对于权力型的"90后"知识型员工要善于授权，结合其工作能力使其承担重要的工作职责，满足"90后"知识型员工对权力的追求，提高其工作积极性。对于说服型的"90后"知识型员工可以安排其从事营销、公关等工作，使其充分发挥自己的性格优势。对于执行型的"90后"知识型员工可以安排其从事一线生产、研发工作，这样可以更好地发挥其执行力强、责任心强的性格优势。对于疑虑型的"90后"知识型员工，可以安排其从事公关、谈判等工作，这样可以使其做事仔细的性格优势充分发挥出来。

四、将"90后"知识型员工的工作能力与工作任务合理匹配

不同员工的工作能力是有差异的，这种工作能力体现在知识的接受能力、应急问题的处理能力、人际关系的协调能力、团队领导能力等多个方面。管理者在进行工作任务分配之前必须全面了解"90后"知识型员工的工作能力，在此基础上科学合理地分配工作任务，为员工提供充分展示其工作能力的机会和平台，使"90后"知识型员工工作起来得心应手、游刃有余。

在按照工作能力与工作任务合理匹配的原则安排好"90后"知识型员工的工作后，管理者还要及时关注"90后"知识型员工的工作进展情况。当发现员

工的工作能力与工作任务的要求不匹配时，要深入分析原因，查看是工作任务难度太大还是员工责任心不强。在了解原因的基础上采取有效的措施，如果确实是由于工作难度太大这种客观原因导致"90后"知识型员工无法继续从事现有的工作岗位，管理者就要及时地对工作岗位进行调整。如果是由于"90后"知识型员工工作态度不积极、不主动学习、消极怠工等主观原因造成的，则要及时对员工进行批评教育，给予其一定的调整时间，使员工以最佳的工作状态投入工作中。对于批评教育后仍然没有改善的员工，要进行工作岗位的调整，并给予一定的惩罚措施，以对其他员工起到警示作用。

第二节　注重对"90后"知识型员工的培训

要想提高培训过程中的激励效果，高新技术企业需要结合"90后"知识型员工的特点，制定出系统完善的培训体系。培训体系涉及培训规划、培训课程、培训评估等方面。

一、制定完整的培训规划

在开展培训之前，企业管理者要制定一份专门针对"90后"知识型员工的完整的培训规划。培训规划就像任务单，既能让管理者明确培训的整个流程，也能让员工事先了解培训进展。培训规划要在培训开始之前被详细制定好，如果条件允许的话，那么要在每年的年末制定出下一年的培训规划。要注重每份培训规划的差异性和衔接性，使"90后"知识型员工通过衔接性强、层次高、内容完善的培训计划逐步提高自身技能。

培训规划的内容一般包括：①培训的目的，即主要用来说明为什么要对"90后"知识型员工进行培训；②培训的目标，即主要用来说明通过此次培训要使"90后"知识型员工达到什么样的技能标准；③培训对象，即主要是明确对哪些"90后"知识型员工进行培训；④培训的内容，即用来确定对"90后"知识型员工培训的内容；⑤培训的规模，即培训规模的大小受到多种因素的影响，可根据培训的专业性、培训人数、培训费用等因素确定；⑥培训的时间，即专业性较强的培训往往需要更长的时间;⑦培训的地点,即"90后"知识型员工接受培训的场所;⑧培训费用,培训费用包括食宿费用、租赁费用、设计费用、管理费用等;⑨培训方法,企业管理者应结合具体情况选择合适的培训方法,如集中培训或分散培训;⑩培训计划的实施,培训规划中应当列明培训的具体实施程序、实施步骤和组织措施,以确保培训的顺利实施。

二、设置合适的培训课程

培训课程的设置是整个培训体系的核心环节,对培训效果起着关键作用。培训课程的设置要遵循针对性原则、实用性原则、系统性原则。在设置培训课程时,要明确课程目标、课程内容、培训教材、培训方式等。

在课程目标的分析中,要对参加培训的"90后"知识型员工进行全面分析,通过对"90后"知识型员工进行访谈、调查问卷等方式了解他们的知识技能水平及培训需求情况,为每一位参训员工制定详细的培训目标卡,并结合员工培训目标的共性和差异性,在求同存异的基础上选择合适的培训课程。通过详细的培训目标分析,使"90后"知识型员工事先了解培训的目标和方向,认识到自己目前的知识技能水平与培训目标的差异,从而提高在培训中的投入度。

在培训课程内容的选择上,要根据"90后"知识型员工的特点选择合适的培训课程,通过科学合理的培训内容,使"90后"知识型员工掌握先进的生产技术和生产技能。在课程内容的安排上,要遵循由熟悉到不熟悉、由简单到复杂、由易到难的基本原则,充分激发"90后"知识型员工的学习兴趣和学习动力。培训内容既要与"90后"知识型员工目前所从事的工作具有密切联系,着力解决员工在工作中遇到的困惑和难点,又要涉及知识、技术前沿,使"90后"知识型员工通过培训系统地掌握先进的理论知识,更好地为工作实践服务。课程内容的设置要结合"90后"知识型员工的特点,注重课程内容的趣味性、挑战性、新颖性,充分激发"90后"知识型员工参与培训的热情。

在培训教材的选择上,既可以到市面上购买适合企业具体情况的教材,也可以结合企业的特点和"90后"知识型员工的需求对现有教材进行适当的修改。培训教材的选择要体现实效性,要购买或者自行编著最新的且体现行业发展趋势的教材。在培训时,培训师不能照本宣科,在讲解理论知识时也需要运用诸如分组讨论、情景模拟、主题辩论等先进的教学方式,以提高"90后"知识型员工参与培训的积极性。

就培训方式的选择而言，高新技术企业需要结合"90后"知识型员工的具体情况，采取短期学习、轮流任职计划、决策模拟训练等培训方式。每种培训方式各有其优缺点，如短期学习方式可以使"90后"知识型员工在一段时间内有针对性、有深度地学习，学习效果也较好。但是这种培训方式一般会要求员工脱离工作一段时间，因此可能会对"90后"知识型员工的工作带来一些负面影响。再以角色扮演这种培训方式为例，通过模拟工作中某种现实情景的方式对员工进行培训，可以使"90后"知识型员工身临其境，在实践中加深对某种知识技能的深刻认识，以更好地掌握培训知识。缺点则是部分"90后"知识型员工不太愿意接受这种实践性较强的培训方式，他们会产生抵触情绪，进而影响培训效果。

三、对培训效果进行及时评估

在对"90后"知识型员工培训结束后，无论是管理者还是"90后"知识型员工都比较关注培训的效果如何，这就需要对培训效果及时评估。培训评估可以回答以下问题：本次培训取得了哪些成果？培训中大多数员工存在哪些问题？员工对培训内容的设置和培训方式的选择是否满意？培训效果评估方式多种多样，高新技术企业在对"90后"知识型员工进行培训评估时，可采取非正式评估、正式评估、建设性评估、总结性评估等形式。

非正式评估是指评估者在对培训效果进行评估时根据自己的主观评价做出判断。这种评估方式最大的优点就是可以减轻"90后"知识型员工的紧张感和压力感，有时甚至可以达到意想不到的效果。但这种评估方式建立在评估者主观判断的基础上，如果评估者本身不合格，在评估时责任心不强就很容易出现误差，导致培训评估的参考性不强。因此，非正式评估方式的关键在于确定合格的评估者，并且评估者要全程参与培训活动，全面掌握每一位员工在培训中的表现，这样才能做出符合实际情况的客观评价。

正式评估是指评估者要根据企业的评价标准和评估方案对员工表现进行评价。由于这种评估建立在数据和事实的基础上，其结论更有针对性和说服力，不容易引起"90后"知识型员工的不满，因此在实践操作中经常被企业使用。但是这种评估方式也存在缺点，如对评价标准和评估方案的制定要求较高，评估者在评估之前要经过反复地讨论和研究，制定详细的评估方案和评估标准。评估标准和评估方案一旦确定，在评估过程中就要被严格执行，防止因评估者的主观评价影响评估结果的公正性和公平性。

除了正式评估和非正式评估外，高新技术企业对"90后"知识型员工进行培训评估时也经常使用建设性评估和总结性评估。这两种评估方式的特点是更加偏重于对培训过程的评估。这两种培训评估方式也存在不同点，建设性评估是指以改进培训内容为目的的评估方式，通过建设性评估可以及时发现培训中的不足，使管理者及时完善这些不足。总结性评估侧重于对培训的过程进行总结，通过对培训过程的有效性进行评估，使员工端正培训态度，提高培训过程的参与度。

第三节　加大对"90后"知识型员工的物质激励

企业采取物质激励的出发点是关心员工的切身利益，满足其基本生活需要，激发其工作积极性和主动性。

一、提高"90后"知识型员工的工资水平

工资收入是"90后"知识型员工物质收入中最重要的组成部分。高新技术企业要想吸引和留住优秀的"90后"知识型员工，就要不断提高其基本工资水平。对"90后"知识型员工工资水平的确定要建立在薪酬调查基础上，充分了解和掌握同行业企业的薪酬制度、薪酬结构、薪酬水平，为本企业"90后"知识型员工薪酬水平的制定和调整提供依据，以便在竞争激烈的劳动力市场中处于有利地位。通过薪酬调查也可以充分掌握同行业工资变化趋势，分析其他企业采取的薪酬模式，可以为本企业的薪酬制定提供有益参考。

另外，管理者还要注重工资水平的调整。在对山东省部分高新技术企业调研中发现，一些"90后"知识型员工之所以对企业的工资水平不满意，很重要的一个原因就是工资的调整不及时，缺乏弹性。在调研中研究者发现，部分高新技术企业已经4~5年没有调整过员工的工资水平，员工的不满情绪非常严重，工

作积极性也受到了严重的影响。特别是对那些家庭负担较重的"90后"知识型员工而言，他们需要依赖工资养育子女，他们之所以能够在工作岗位上努力工作就是为了获得较高的工资收入。因此，要充分发挥工资水平对"90后"知识型员工的激励作用，工资的及时调整和变化是非常必要的。

总体而言，工资水平要与企业收益呈现正相关关系，当企业效益增加时，也要相应地提高员工工资，这样能极大地鼓舞士气。当企业遇到经营危机而经营效益下降时，也不能随意降低员工的工资水平，要尽量从其他方面节省企业的成本。管理者要认识到人才是企业发展的根本，"90后"知识型员工是高新技术企业发展的重要核心力量，随意地降低工资必然会导致"90后"知识型员工的强烈不满，甚至会引发员工的离职，这将给企业发展造成难以挽回的重创。因此，在企业遭遇经营危机时，企业管理者应该在稳定员工队伍的基础上，迅速制定出应对方案，增强员工的责任意识，使员工协助企业走出危机。总之，从理论上来说，工资具有刚性，长期来看只能稳步上升不能随意下降。从现实来看，"90后"知识型员工对工资水平的变化较为敏感，不断提高他们的工资水平能够充分激发"90后"知识型员工的工作潜能，使其为企业发展做出贡献。

二、加大对"90后"知识型员工的奖金激励

除了工资收入外，奖金激励也是一种重要的物质激励手段。对于优秀的"90后"知识型员工给予一次性额度较大的奖金激励，不但能改善员工的生活质量，更重要的是可以提高员工的成就感和对企业的认同感。高新技术企业管理者适当地使用奖金激励，通过和工资收入相配合，可以更好地发挥出激励措施对"90后"知识型员工的激励作用。在对"90后"知识型员工实施奖金激励时，应重点做好以下四点：

第一，制定完善的奖金激励制度。高新技术企业要以文件的形式明确员工的绩效要求和奖金发放条件，让每一位员工都熟知文件的具体规定。这样做的优点是使"90后"知识型员工认识到奖金与绩效是直接挂钩的，每位员工都有可能获得企业较高的奖金激励，这样可以鼓励"90后"知识型员工努力工作。

第二，奖金的发放要及时。及时的奖金激励可以增强"90后"知识型员工对企业的信任感，当"90后"知识型员工达到企业规定的要求时，企业必须及时兑现奖金激励，要避免仅"画大饼"但从不兑现或者晚兑现的情况出现。管

理者要认识到奖金激励具有明显的时效性，错过时效的奖金发放，其激励效果将大大降低。奖金不一定非要等到年底统一发放，当员工完成某项重要的工作任务或者达到既定的工作绩效后，管理者就可以为其发放奖金，这种时效性强的奖金激励往往比年终统一发放奖金的激励效果更好。

第三，奖金的发放要坚持公正、公开的基本原则。公正原则要求企业对所有的"90后"知识型员工一视同仁。奖金的发放要严格按照企业制定的规定执行，应根据员工对企业所做的贡献来确定奖金数额，不能凭亲疏关系、个人喜好来确定。公开原则就是指奖金发放要透明，可以表彰大会的形式统一发放奖金，要让获得奖金的员工知道自己的贡献，让没有获得奖金的人知道自己的差距。

第四，奖金的发放要结合企业的实际情况。高新技术企业管理者要认识到奖金的发放是一个长期的过程，不能为了短期内留住优秀人才就脱离企业的实际情况而制定过高的奖金水平。过高的奖金水平不仅会造成严重的企业负担，长此以往还会因为奖金超过员工的实际贡献而使部分员工放松工作要求，进而降低了激励效果。

三、注重对"90后"知识型员工的福利激励

随着企业之间人才竞争的日益加剧，深得人心的福利激励成为企业吸引人才、留住人才的竞争优势。传统的观点认为，大型企业的福利措施完善，种类繁多，中小企业除了工资收入以外几乎没有什么福利可言。但是通过对部分高新技术企业的调研我们发现，很多中小企业管理者也已经认识到了福利激励的重要性，给员工提供的福利越来越多样化、丰富化。对于"90后"知识型员工而言，较高的工资收入和奖金固然重要，但完善的福利待遇也是不可忽视的调动其工作积极性的重要手段。高新技术企业在对"90后"知识型员工实施福利激励时，需要注意以下三点：

第一，注重福利激励的持续性。持续性的福利激励才能发挥出最佳的激励效果，但现实中一些高新技术企业为了使刚入职的"90后"知识型员工留在企业，会给他们提供几年的福利，但这种福利持续几年后就会终止或者福利大大减少，也就是福利激励缺乏持续性。缺乏持续性的福利激励所引发的后果就是"90后"知识型员工对企业感到失望，甚至完全丧失信心，觉得企业并不是真正关心他们，也不是真正想为员工谋福利，这样的福利措施最终会引起"90后"知识型

员工的强烈反感。

第二，制订弹性福利计划。与传统的福利计划相比，弹性福利计划具有明显的优点，它改变了以往福利计划脱离员工实际需求的弊端，将福利的选择权真正交给"90后"知识型员工，员工可以结合自己的需求选择合适的福利计划。弹性福利计划可以降低企业的激励成本，把一些毫无意义的福利措施排除在外，使企业有限的经费发挥出最大的效益。同时，弹性福利计划使"90后"知识型员工从内心感觉到自己受到领导的尊重，有机会参与企业的管理，这会极大地增强员工的自信心，使他们真正认识到自己才是企业的主人，有助于从根本上提高他们的工作积极性。

第三，注重福利沟通。福利沟通是企业管理者通过和员工的交流沟通，使员工了解企业福利计划的整个制订和执行过程。有效的福利沟通不仅能使管理者和员工在互动过程中将福利信息、思想情感相互传达交流，还能使员工感受到领导的重视，提高员工对领导者和企业的满意度。高新技术企业管理者可以采取多种方式加强与"90后"知识型员工的福利沟通，其中包括编写"90后"知识型员工福利手册，说明企业福利计划制订的原因、依据、福利计划组合的方式等；定期向"90后"知识型员工公布各项福利信息；建立网络化的企业内部福利管理系统，与"90后"知识型员工就福利问题进行双向交流，及时改进福利计划制订和执行中的不足，充分借鉴一些优秀企业的福利计划，使企业所制订的福利计划真正深入人心、落到实处。

第四节　注重对"90后"知识型员工的绩效考评

绩效考评是指企业组织专门的绩效考评人员采用科学的绩效考评工具和绩效考评手段对员工在一定时期内的工作业绩情况进行综合评价。绩效考评是薪酬制定与调整、奖金发放的重要依据，也是晋升员工、解聘员工的重要参考。科学的绩效考评体系可以引导和激励员工为获得更好的绩效考评结果不断努力，促进企业的共同发展。

一、选择科学的绩效考评方法

绩效考评的方法多种多样，每种评价方法各有其优点和不足，高新技术企业在对"90后"知识型员工进行绩效考评时，可以结合企业的实际情况加以选择。例如，成绩记录法，这种评价方法首先由"90后"知识型员工把自己与工作职责有关的成绩填写在成绩记录表上，其次由其上级主管验证这些成绩是否真实准确，最后由外部专家对这些材料进行综合分析。这种评价方法由于是"90后"知识型员工自己记录的工作成绩，更能激励其工作动力，因而具有较强的适用性和有效性。

高新技术企业也可以选择日清日结法对"90后"知识型员工的工作绩效进行评价，这种评价方法根据"90后"知识型员工当天在工作中发现的问题来确定第二天要达到的目标，并根据实际情况进行动态调整。该方法的优点是：注重工作的时效性，立足于当天工作中的成绩和不足，及时发现问题且及时解决问题。企业管理者可以根据相关记录对"90后"知识型员工进行考评，使得考评结果有据可查、事实清楚，因而能够起到很好的激励作用。

二、避免出现绩效考评的误差

高新技术企业在对"90后"知识型员工进行绩效考评时，要避免晕轮误差、个人偏见、近期效应等情况出现。例如，如果考评者特别重视"90后"知识型员工的"科研能力"这一评价因素，那么在评价时其对"科研能力"很强的"90后"知识型员工往往打分较高，即使该员工除了"科研能力"以外的其他评定要素并不突出，这就是晕轮误差。晕轮误差会导致个别能力不够突出但是综合素质较高的员工在评价时处于不利地位，不利于员工的全面发展。

个人偏见是指评者在对"90后"知识型员工进行评价时，因其年龄、性别、地域等方面的差异而有所偏差。例如，有的评价者偏好资历深厚的员工，在评价中就会提高对所偏好者的分数，最终影响评价工作的公平性。个人偏见的存在会使"90后"知识型员工感到自己的工作业绩没有得到认可，对评价者存在较大意见，甚至会出现不配合绩效考评工作的不良后果。

近期效应是指考评者在对员工进行评价时，往往"以近代远"，也就是以员工的近期表现代替其全部表现。例如，有的员工近一个月的业绩表现很好，评价者就会想当然地认为该员工这一年的工作表现都不错，在对其打分时往往给出较高的分数。近期效应的存在会导致"90后"知识型员工只偏重于近期表现，从而忽视工作的长期性，甚至还会出现部分员工制造虚假业绩、故意讨好评价者的不良现象。

晕轮误差、个人偏见、近期效应等绩效考评误差的出现将会严重影响对"90后"知识型员工绩效考评的准确性，不利于企业绩效考评工作的顺利开展。高新技术企业想要有效避免这些考评误差的出现，就必须培养一批业务素质过硬、综合素质较强、公平公正的绩效考评团队。要通过集中培训、个别谈话等方式对考评者进行必要的指导，使其端正态度，提高考评者的责任意识和绩效考评的专业性。要注重评价者在性别、年龄、资历、能力等方面的合理搭配，构建一支结构合理、规模适度的考评者队伍。要建立完善的评价者进入退出机制，对于不合格的评价者及时清退，避免评价者主观因素影响评价工作的公正性。要为考评者提供必要的学习机会，使其掌握绩效考评的基本方法，了解绩效考评的主要流程，明确绩效考评对于考评者的基本要求。

三、设定关键绩效指标

关键绩效指标是指对员工的业绩具有重要影响的指标。绩效指标种类繁多，考评者在进行绩效考评时不可能采用所有的绩效指标，过多的绩效指标不仅会造成绩效考评过程的烦琐，还会导致无法衡量员工的关键性业绩，影响优秀人才的选拔。

高新技术企业管理者在进行绩效考评之前必须结合"90后"知识型员工的特点设定关键绩效指标，可以采用SMART方法设定关键绩效指标。其中，S为Specific，即指标必须是"具体的"；M为Measurable，即指标必须是"可度量的"；A为Attainable，即指标应该是"可实现的"；R为Relevant，即指标是"相关的"；T为Time-Bound，即指标是"有时限的"。按照SMART方法的要求所设定的关键绩效指标既明确具体、可度量，又具有可操作性、可实现性。运用这一方法，可以充分保证对"90后"知识型员工的关键性业绩进行有效考评。当提取出关键绩效指标之后，就可以在此基础上设定"90后"知识型员工的考评标准，通过规定各个考评指标的权重与分值，对"90后"知识型员工工作业绩的完成情况进行科学评价。

第五节　注重"90后"知识型员工的职业生涯管理

职业生涯是指员工从入职到离职或者退休的整个过程，职业生涯过程是人一生中非常重要的组成部分，因此管理者要重视员工的职业生涯管理。对员工的职业生涯管理是否到位直接关系到员工能否获得工作满足感和幸福感，也直接关系到员工工作效率的提升。

一、为"90后"知识型员工提供职业帮助

员工是企业的主体，在强调充分发挥员工主观能动性的基础上也必须加强对员工的职业帮助。必要的职业帮助有利于解决员工在工作中遇到的各种困惑，有利于提高员工对企业的认同感。对"90后"知识型员工而言，他们大多处于职业探索阶段和职业建立阶段，高新技术企业应针对"90后"知识型员工给予不同的职业帮助。

刚参加工作至25岁左右的"90后"知识型员工处于职业探索阶段。在这个阶段中，很多"90后"知识型员工刚步入工作岗位，对自己还没有准确的定位，容易骄傲自满。这个时期，高新技术企业管理者在对"90后"知识型员工进行职业帮助时可采取以下方法：建立导师制，采取一对一的方式让老员工带新员工，为每位"90后"知识型员工建立职业帮助档案。这种方式可以使"90后"知识型员工在较短的时间内建立起对工作岗位的正确认知，从而更加迅速地融入工作。管理者应在调查研究、需求分析的基础上帮助每位"90后"知识型员工制定初步的职业生涯规划，按照时间节点为他们设置阶段性的目标和任务，帮助"90后"知识型员工建立清晰的职业发展路径，使他们对未来的职业发展充满信心。

25～30岁的"90后"知识型员工处于职业建立阶段。这个阶段是"90后"知识型员工精力最充沛、创造性最旺盛的时期，他们已经对所从事的工作非常熟悉，逐渐将关注的重点放在职业生涯的发展和职位的晋升上。对于该阶段的"90后"知识型员工，职业帮助是否到位直接影响员工之间的关系，在一定程度上决

定了企业人才梯队建设的成败。在这个阶段，"90后"知识型员工的精神需求日益突出，要想更好地激发其工作积极性，高新技术企业管理者就要为他们提供良好的职业发展空间，确保有能力的"90后"知识型员工获得及时的提拔和晋升。此外，管理者还要帮助"90后"知识型员工分析目前工作中存在的主要问题，并给他们提出具体的指导意见，以帮助"90后"知识型员工实现个人成长。

二、对有能力的"90后"知识型员工及时提拔重用

当"90后"知识型员工的物质需求得到满足后，他们对职位晋升这种精神激励便会尤其看重。职业的发展不仅是"90后"知识型员工工作能力、工作业绩的重要说明，也是其社会地位、社会价值的重要体现，能够极大地调动他们的工作积极性。

高新技术企业管理者在人才的选拔和任用时要转变思想，要对优秀的"90后"知识型员工予以提拔重用。要建立系统完善的人才考评机制，在选拔人才时，要把员工的工作能力、职业道德作为首要的考查因素，摒弃以前重资历、重年龄、看关系的错误做法。"90后"知识型员工年轻、有朝气、善于挑战、勇于拼搏，及时把德才兼备的"90后"知识型员工安排在重要的工作岗位上，可以使"90后"知识型员工感受到企业的重视、领导的认可、同事的信任。这种内在的激励力量会在无形中激励"90后"知识型员工奋发图强，促使他们在工作中更加尽职尽责，实现工作绩效的提升。

第六节 注重与"90后"知识型员工的交流沟通

高新技术企业管理者与"90后"知识型员工的交流沟通可以帮助"90后"知识型员工了解其在工作中存在的不足，更好地提高工作绩效；可以为"90后"知识型员工提供正常的诉求渠道，使他们畅所欲言；可以有效改善与"90后"知识型员工的关系，营造良好的组织氛围。

一、避免情绪化的交流沟通

交流沟通的目的是增进感情、解决问题，而不是发牢骚、发脾气。情绪化的沟通是没有任何价值的，不仅容易使沟通双方丧失思考能力，还容易激化双方矛盾。高新技术企业管理者在与"90后"知识型员工沟通时要时刻谨记沟通的目的，尽量将自己的情绪调整到最佳状态，做到对事不对人；要明确自己的态度，对"90后"知识型员工的工作能力、工作绩效等方面进行客观公正的评价；要消除不良情绪的影响，做到语气平和，化解"90后"知识型员工的不满情绪；当一些激烈的情绪干扰沟通时，要及时安抚好"90后"知识型员工的情绪，避免因为不良情绪的干扰而使沟通脱离正轨。

二、采取不同的交流沟通方式

高新技术企业管理者在与"90后"知识型员工交流沟通时要结合其性格特点采取不同的交流沟通方式。例如，有些"90后"知识型员工清高自傲、目中无人，在与他们沟通时，管理者要尽量做到头脑冷静，就事论事地对其工作中出现的问题进行批评教育，避免使用一些过激的语言刺激他们，以免他们对工作应付了事；对于脾气易怒的"90后"知识型员工，管理者可以在沟通开始时让他们把心中的不满情绪发泄出来，等他们冷静下来之后，再和他们认真讨论，找出解决问题的正确途径。这样可以有效避免在沟通中出现矛盾，使"90后"知识型员工心服口服，提高解决问题的效率。

三、交流沟通中做到礼让三分

在交流沟通时领导者难免会遇到"90后"知识型员工与自己意见不一致的情形，甚至会出现员工顶撞自己的情况。这时管理者应该采取什么样的应对措施呢？最好的方法就是礼让三分。管理者要体谅和理解"90后"知识型员工的难处，主动关心"90后"知识型员工的工作和生活，对于那些不主动、不积极工作的"90后"知识型员工，要用自己的真情说服他们改善工作态度，提高工作绩效。管理者要改变指责员工、惩罚员工的极端做法，认真询问员工需要企业提供什么样的帮助，帮助员工找到解决问题的方法。这样做不仅能有效避免沟通障碍的出现，还会获得"90后"知识型员工的认可和尊重，使他们认识到自己的错误，改善工作态度。

第七节 对"90后"知识型员工正确授权

授权是一门管理艺术。在当今企业的复杂管理过程中，领导者不再对所有事情都亲力亲为，而是将权力授权给有能力的员工，让员工分担工作任务，提高员工的主动性。

一、充分利用"90后"知识型员工的长处

每位员工都有自己的优势和劣势，管理者要做的就是发现和利用员工的优点，规避员工的缺点。管理者要想做到有效授权，就必须善于观察员工，充分利用"90后"知识型员工的长处，使其在工作岗位上充分发挥自己的潜力。

领导者要从思想上改变一些错误的传统观点，不要认为年龄越大、工作经验越丰富的员工的能力就越强。一些高新技术企业管理者主观上认为"90后"知识型员工年轻，实践经验不足，必然难当重任，因此所有事务都亲力亲为，不敢放手让"90后"知识型员工锻炼。这样的思想意识如果不转变，"90后"知识型员工就会失去很多发展机会，企业也将失去长远发展的活力。另外，虽然"90后"知识型员工拥有很多优点，但并不是所有的"90后"知识型员工都可以作为授权对象，领导者还要仔细挑选有能力、有责任的"90后"知识型员工，并适当地创造一些磨炼的机会提高他们的技能。在经过一段时间的观察后，领导者就可以选拔一批优秀的"90后"知识型员工作为授权对象。

二、要充分信任授权对象

高新技术企业管理者在经过严格的程序选拔一部分"90后"知识型员工作为授权对象后就要在工作中对他们进行授权。管理者尤其要注意的一点是：要充分信任授权对象。只有充分信任他们才能有效消除授权对象的顾虑，减轻授权对象的压力，才会使他们在工作中有所作为。

如果管理者一方面对其授权，另一方面又经常干涉授权对象的工作，甚至时

不时提出一些自己认为正确的建议，那么就容易造成授权对象的反感，使他们不知所措，甚至认为领导对自己存在偏见，进而导致信任危机。另外，管理者不仅自己要充分信任授权对象，还要引导全体员工信任授权对象，使全体员工积极配合授权对象工作的开展。管理者要明确授权对象的工作分工，建立健全的责任机制和考核机制，在充分放权的基础上强化对授权对象的监督和管理，确保授权对象切实履行工作职责。管理者要深入员工中，广泛征求员工对于授权对象工作开展情况的建议，协助授权对象解决工作开展中遇到的难题。

三、选择合适的授权方法

在对"90后"知识型员工进行授权的过程中，高新技术企业管理者要根据授权对象的不同和授权内容的差别选择合适的授权方法。例如，对于那些自主工作能力很强的"90后"知识型员工，管理者可以选择充分授权法，这种授权方法是管理者将工作中的所有权力交给授权对象，使他们充分自主地决定工作内容和行动方案。由于这种方法是管理者完全放权，因此可以最大限度发挥"90后"知识型员工的积极性和主动性，极大地激发他们的工作成就感。

对于那些工作能力和工作自主性有所欠缺的"90后"知识型员工，管理者可以采取引导授权法。这种方法要求管理者在授权过程中不仅要充分相信"90后"知识型员工，对其委以重任，还要及时关注他们在工作中遇到的问题，对授权对象的工作进行适当的引导，辅助他们完成工作目标。需要注意的一点是：管理者在这个过程中要对自己的角色准确定位，要认识到自己所承担的只是指导者、辅助者的工作，不能对"90后"知识型员工的工作加以干涉，要避免引起"90后"知识型员工的抵触情绪，防止影响授权效果。

第八节　本章小结

第一，本章基于前面的研究，从各个方面提出了高新技术企业"90后"知识型员工激励的有关对策，其中包括：把"90后"知识型员工安排在合适的工作岗位上、注重对"90后"知识型员工的培训、加大对"90后"知识型员工的物质激励、注重对"90后"知识型员工的绩效考评、注重"90后"知识型员工的职业生涯管理、注重与"90后"知识型员工的交流沟通、对"90后"知识型员工正确授权。

第二，针对把"90后"知识型员工安排在合适的工作岗位上这一对策，本章主要从四个方面进行了详细分析，其中包括：进行科学合理的工作分析、发挥工作本身的激励作用、结合"90后"知识型员工的性格特点进行工作安排、将"90后"知识型员工的工作能力与工作任务合理匹配。针对注重对"90后"知识型员工的培训这一对策，本章主要从制定完整的培训规划、设置合适的培训课程、对培训效果进行及时评估这三个方面进行了详细分析。针对加大对"90后"知识型员工的物质激励这一对策，本章着重从提高"90后"知识型员工的工资水平、加大对"90后"知识型员工的奖金激励、注重对"90后"知识型员工的福利激励这三个方面进行了说明。针对注重对"90后"知识型员工的绩效考评这一对策，本章主要从三个方面进行了分析，其中，包括：选择科学的绩效考评方法、避免出现绩效考评的误差、设定关键绩效指标。针对注重"90后"知识型员工的职业生涯管理这一对策，本章主要从为"90后"知识型员工提供职业帮助、对有能力的"90后"知识型员工及时提拔重用这两个方面进行了分析。注重与"90后"知识型员工的交流沟通这一对策具体包括：避免情绪化的交流沟通、采取不同的交流沟通方式、交流沟通中做到礼让三分。对"90后"知识型员工正确授权这一对策具体包括：充分利用"90后"知识型员工的长处、要充分信任授权对象、选择合适的授权方法。

第七章 研究结论与展望

第一节 研究结论

第一，激励理论主要包括内容型激励理论、过程型激励理论、行为改造型激励理论、综合激励理论、激励理论的最新发展五个方面。其中，内容型激励理论包括需求层次理论、存在—关系—成长理论、双因素理论、成就需要理论；过程型激励理论包括期望理论、公平理论、目标设置理论；行为改造型激励理论包括斯金纳的强化理论、归因理论、挫折理论；综合激励理论包括场动力理论和综合激励模型；激励理论的最新发展主要包括激励的权变理论和知识管理理论。

第二，当前高新技术企业在对"90后"知识型员工的激励中还存在很多问题，具体包括：激励体系不完善、激励机制不合理、缺乏系统完善的培训体系、物质激励没效果、重物质激励轻精神激励、激励方式组合不合理、领导者对"90后"知识型员工的信任不足、"90后"知识型员工的职业发展空间受限、部分高新技术企业管理方式陈旧等方面。出现以上问题的原因主要包括：激励制度的制定脱离员工需求、企业管理者缺乏正确的经营理念、对"90后"知识型员工的绩效考核不合理、团队缺乏凝聚力、企业内部缺乏畅通高效的沟通机制、"90后"知识型员工自身的原因、企业战略规划的缺失、企业有形资源的缺乏、企业对外部环境的分析不到位。

第三，本书开发了高新技术企业"90后"知识型员工激励的测量量表，提取了高新技术企业"90后"知识型员工激励的主要因子，在此基础上构建了高新技术企业"90后"知识型员工激励模型。该模型以物质基础、职业发展、人际关系、制度支撑、环境支持五个基本要素为基础，在员工敬业度这一中介变量的作用下，通过工作能力和组织战略这两个调节变量的影响，对高新技术企业的组织绩效产生影响。利用单因素方差分析法发现，"90后"知识型员工的性别、年龄、学历层次、工作岗位等个体变量对激励要素的影响是不同的。

第四，通过相关分析发现，高新技术企业对"90后"知识型员工的激励是一个整体的、系统的、综合的系统，物质基础、职业发展、人际关系、制度支撑、环境支持五种激励要素之间存在一定的相关关系；高新技术企业"90后"知识型员工激励要素与组织绩效之间均呈现显著的相关关系；中介变量员工敬业度、调节变量工作能力和组织战略也与组织绩效之间呈现显著的相关关系。

第五，通过回归分析法分析了物质基础、职业发展、人际关系、制度支撑、环境支持五种激励要素对组织绩效所产生的影响及员工敬业度对组织绩效产生的中介作用，并对工作能力和组织战略在员工敬业度对组织绩效作用过程中所起到的调节作用进行了具体研究。分析结果显示，除了"'90后'知识型员工环境支持激励要素对组织绩效具有显著的正向影响""组织战略在员工敬业度对组织绩效作用过程中起到调节作用"这两个研究假设没有得到验证外，其他相关研究假设均得到了验证。

第六，提出了高新技术企业对"90后"知识型员工激励的有关对策，其中包括：把"90后"知识型员工安排在合适的工作岗位上、注重对"90后"知识型员工的培训、加大对"90后"知识型员工的物质激励、注重对"90后"知识型员工的绩效考评、注重"90后"知识型员工的职业生涯管理、注重与"90后"知识型员工的交流沟通、对"90后"知识型员工正确授权。

第二节　研究展望

本书关于高新技术企业"90后"知识型员工激励及其对组织绩效的相关研究取得了一系列有意义的研究成果，对实现高新技术企业经济效益的提高和企业的长远发展提供了有价值的参考。在取得了一定成果的同时本书也存在一些不足之处：

首先，本书在对山东省高新技术企业"90后"知识型员工激励的研究中，没有与其他省份高新技术企业的具体情况进行对比分析，也没有将"90后"知识型员工的激励情况与"80后""70后"等其他年龄层次的知识型员工进行对比分析，因此所提出的激励"90后"知识型员工的有关对策必然存在一定的局限性。事实上，由于不同省份、不同地区政策的差异及知识型员工年龄的不同，高新技术企业在管理制度和激励方式上可能会存在较大的差异，这种差异要求企业管理者在制定激励政策时必须具体情况具体分析。学者们在今后的研究中可以选取不同地区的高新技术企业及不同年龄层次的知识型员工进行对比分析，并通过实证调研获取全面的数据资料进行研究，以更好地把握"90后"知识型员工激励需求的异同及其对组织绩效产生的具体影响。

其次，在对员工激励问题的相关研究中，如果辅助于全面细致的案例分析，会更便于管理者了解员工的内心需求，进而制定针对性更强的激励措施。本书虽然也加入了对部分"90后"知识型员工及管理者的访谈案例，但在访谈过程中，由于时间有限及部分"90后"知识型员工对本次访谈有所顾虑，访谈资料的实用性还需要进一步验证。今后的一个重要研究方向就是要深入挖掘一系列高新技术企业对"90后"知识型员工激励的典型案例，并对这些典型案例进行追踪研究，深入分析"90后"知识型员工的激励需求。通过对案例进行研究，为高新技术企业对"90后"知识型员工的激励提供更加具体的、实用的实践参考。

最后，需要进一步梳理激励相关理论，将激励理论与企业管理实践更好地结合。对员工激励问题的研究涉及众多学科，需要多学科、多视角、多层次对激励理论进行分析与述评。不同学科框架下的激励理论会传递出关于员工激励方面的不同信号，学者们必须善于把握不同学科的共性，深入分析激励理论背后隐藏的关于员工激励方面的有益启示。在关于激励理论的相关研究中，学者们需要用发展的眼光，随时关注环境变化，并紧密结合企业管理发展实践的需要，不断探索激励理论与实践需求的结合点。

参考文献

［1］Abdel-Halim A A. A Reexamination of Ability as a Moderator of Role Perceptions-Satisfaction Relationship ［J］. Personnel Psychology, 1981（3）: 549-561.

［2］Adams R. Empowerment, Participation and Social Work ［M］. New York: Palgrave Macmillan, 2008.

［3］Balfour D L, Wechsler B. Organizational Commitment: Antecedents and Outcomes Inpublic Organizations ［J］. Public Productivity and Management Review, 1996（29）: 256-277.

［4］Chang X, Fu K, Low A, et al. Non-Executive Employee Stock Options and Corporate Innovation ［J］. Journal of Financial Economics, 2015（1）: 168-188.

［5］Dale-Olsen H. Wages, Fringe Benefits and Worker Turnover ［J］. Labour Economics, 2006（1）: 87-105.

［6］Edwards D J, Yang J, Wright B C, et al. Establishing The Link between Plant Operator Performance and Personal Motivation ［J］. Journal of Engineering, Design and Technology, 2007（6）: 173-187.

［7］Faiz K, Rebecca G. Where Will Industry Go to for Its High-Calibre Staff? ［J］. Journal of Commercial Biotechnology, 2014（1）: 63-71.

［8］Harte J K, Frank L, S, Hages T L. Business-Unit-Level Relationship between Employee Satisfaction, Employee Engagement, and Business Outcomes: A Meta-Analysis ［J］. Journal of Applied Psychology, 2002（2）: 268-279.

［9］Helen, Subhash, Sandeep and Neha（2019）"Empowering leadership and job performance: mediating role of psychological empowerment". *Management Re-*

search Review, vol. 16, pp. 65-72.

[10] Inkpen A C. Tsang E W K. Social Capital, Networks and Knowledge Transfer [J]. Academy of Management Review, 2005 (1): 146-165.

[11] Kahn W A. To Be Fully There: Psychological Presence at Work [J]. Human Relations, 1992 (4): 321-349.

[12] Kundu S C, Kumar S, Gahlawat N. Empowering Leadership and Job Performance: Mediating Role of Psychological Empowerment [J]. Management Research Review, 2019 (16): 65-72.

[13] Li Y, Huang R. Effects of Psychological Empowerment on Innovation Performance of R&D Employees: The Mediation of Intrinsic Work Motivation and the Moderation of Locus of Control [J]. East China Economic Management, 2014 (2): 116-120.

[14] Muhammad A, Shen L, Zheng S J, et al. Empowering Leadership and Employee Performance: A Mediating Role of Thriving at Work [J]. International Journal of Asian Business and Information Management, 2018 (3): 77-85.

[15] Nohria N, Groysberg B, Lee L. Employee Motivation: A Powerful New Model [J]. Harvard Business Review, 2008 (7): 78-84.

[16] Pyoria (2007) "Informal organizational culture: the foundation of knowledge workers' performance". Journal of Knowledge Management, 11 (3), pp. 16-30.

[17] Uen J F, Chien S H. Compensation Structure, Perceived Equity and Individual Performance of R&D Professionals: The Moderating Effects of Achievement Orientation [J]. The Journal of American Academy of Business, 2004 (3): 401-405.

[18] Wim, lishen, Rahman (2018) "Empowering Leadership and Employee Performance: A Mediating Role of Thriving at Work". *International Journal of Asian Business and Information Management*, vol. 3, pp. 77-85.

[19] 김종욱, 정경수, 컬딥쿠마, 신승균(2004), "지식근로자의 지식제공행위에영향을 미치는 요인에관한 실증적연구", 한국연구재단(NRF).

[20] 이덕로,김태열(2010),"변혁적리더십과팀성과:팀 내재적동기부여의 매개역할과 팀 심리적안정의조절역할", 한국연구재단(NRF).

［21］이종훈, 이종훈, 김재구, 김세종, 장용선(2002) , "기업의 지식근로자 수요변화와 인적자원개발전략", 한국연구재단(NRF).

［22］지철규 (2013), "지식근로자의 직무특성이 조직몰입도에 미치는 영향: 공유리더십의역할을 중심으로", 경희대학교 대학원 박사학위논문.

［23］（美）彼得・德鲁克. 21世纪的管理挑战［M］. 北京：机械工业出版社，2008.1

［24］白贵玉，徐向艺，徐鹏. 知识型员工非物质激励与创新绩效的关系［J］. 经济与管理研究，2016（5）：121-128.

［25］陈改，张明. 新生代知识型员工工作幸福感的影响因素及对策分析［J］. 中国商论，2019（21）：207-209.

［26］陈国权，周为. 领导行为、组织学习能力与组织绩效关系研究［J］. 科研管理，2009（5）：148-154+186.

［27］陈珉，秦兴方. 传统晋升制度的博弈分析［J］. 华东经济管理，2005（12）：94-98.

［28］陈涛. 不同权变因素下企业科技人员薪酬满意度及激励效应差异性研究：基于江苏省三城市的调查统计分析［J］. 管理现代化，2010（4）：15-17.

［29］杜鹏程，孔德玲. 科技人力资源创新行为影响因素分析：基于合肥地区的调查数据［J］. 科技与经济，2012（2）：81-85.

［30］杜鹏程. 内在激励对创新行为的影响机理：基于企业科技人力资源样本的实证研究［D］. 南京：南京大学博士学位论文，2010.

［31］樊耕，门一，阎亮. 晋升标准对员工角色外行为作用机制的研究：组织承诺的中介作用［J］. 管理评论，2013（6）：67-75.

［32］冯天学，田金信. 基于企业内知识转移与共享的激励模式研究［J］. 预测，2005（5）：9-13.

［33］傅雷，袁建财. 世界500强企业顶尖育人之道［M］. 北京：中国经济出版社，2008.

［34］韩振燕，方焕廷. 对80后员工的多元化激励［J］. 中国人力资源开发，2007（2）.

［35］姜薇薇，于桂兰，孙乃纪. 新生代员工管理对策研究［J］. 兰州学刊，2014（1）.

[36] 李海红，刘永安．高科技企业研发人员全面薪酬战略研究［J］．科技管理研究，2011（24）：129-132.

[37] 李航，穆海燕．基于中国情境的员工敬业度提升策略研究［J］．中国集体经济．2014（6）．

[38] 李红浪，李星，邓金锁．经营者绩效考核的有效工具：企业绩效［J］．企业经济，2005（6）：65-66.

[39] 李鸿雁，吴小节．基于 SET 理论的知识型员工敬业度、工作能力与绩效关系研究［J］．科技管理研究，2014（7）：222-228.

[40] 李军，刘学．新生代员工的成长环境和特点探析［J］．湖湘论坛，2013（6）：43-47.

[41] 梁镇，李丽．高新技术企业技术研发人员创新成长评价研究［J］．科学学与科学技术管理，2007（7）．

[42] 林新奇，苏伟琳．社会交换理论视域下的新生代员工激励管理研究［J］．现代管理科学．2017（5）．

[43] 刘蕾．新生代知识型员工有效激励研究［J］．科技视界，2017（27）：194-197.

[44] 刘亚伟，郑宝红．管理者晋升激励影响企业财务行为的理论思考［J］．财会通讯，2015（2）：72-74.

[45] 刘永中，金才兵．英汉人力资源管理核心词汇手册［M］．广州：广东经济出版社，2005.

[46] 刘琢，李冰．新生代知识型员工薪酬激励研究［J］．中外企业家，2019（11）：84-85.

[47] 卢艳秋，叶英平．产学研合作中网络惯例对创新绩效的影响［J］．科研管理．2017，38（3）．

[48] 陆远权，蒋雨珈．中国企业非正式员工激励研究述评［J］．重庆大学学报（社会科学版），2013（4）．

[49] 吕际荣．"90后"新生代知识型员工管理措施探析［J］．老字号品牌营销，2019（5）：73-74.

[50] 马俊生．论新生代知识型员工的激励与管理［J］．山东社会科学，2016（2）．

［51］孟华兴，赵现锋．新生代员工管理［M］．北京：中国经济出版社，2014：8-9.

［52］潘红波，余明桂．集团内关联交易、高管薪酬激励与资本配置效率［J］．会计研究，2014（10）：20-27.

［53］彭雨．新生代知识型员工薪酬管理研究［J］．经贸实践，2018（4）：249-250.

［54］钱爱民，郁智，步丹巧．结果公平还是过程公平？——基于薪酬激励对员工离职的实证分析［J］．经济与管理研究，2014（9）：101-109.

［55］冉宁，宋长胜．基于人性假设的"闪辞族"管理探析［J］．企业经济．2012，31（7）．

［56］石冠峰，韩宏稳．新生代知识型员工激励因素分析及对策［J］．企业经济，2014（11）：62-66.

［57］宋超，陈建成．"80、90后"新生代员工管理与激励［J］．人力资源管理．2011（5）．

［58］苏华，张宁．国有企业知识型员工激励模式选择及对策分析［J］．生产力研究，2008（22）：87-89.

［59］孙柏鹏，余倩倩．关系型领导对员工创新绩效的影响机制研究：一个中介调节模型［J］．长江师范学院学报，2021（2）：23-31.

［60］孙健敏，周文霞．管理中的激励［M］．北京：企业管理出版社，2004.

［61］孙田江．民营医药企业研发人才激励及其对创新绩效的作用机理［D］．镇江：江苏大学博士学位论文，2016.

［62］王立君，马建军，白晓君，等．基于组织承诺理论的新生代知识型员工管理策略［J］．经济师，2019（11）：17-18.

［63］王询，于颖．企业组织内的科层制与关系网络［J］．大连海事大学学报（社会科学版）．2007（5）．

［64］王艳子，罗瑾琏，常涛．领导成员交换、感知创新支持对员工创新行为的影响研究：内在动机的中介作用［J］．上海管理科学，2014（3）：88-91.

［65］王子宽，徐君，罗长城．基于创新主体集成的企业员工激励策略［J］．科巧进步与对策，2009（19）：180-182.

[66] 吴邦正，李芳．知识员工激励方式与组织创新绩效的实证研究：以中关村高科技企业为例［J］．兰州学刊，2013（6）：104-144．

[67] 肖汉平．论风险投资与高新技术企业成长［J］．中国科技产业，1998（6）：41-44．

[68] 谢文辉．敬业：美国西点军校的团队核心精神［M］．北京：中国商业出版社，2004．

[69] Youndt、Snell（2004）指出，工作能力强的员工通过自身能力的运用，可以优化产品和服务，提高顾客满意度。因此，工作能力越强的员工，对企业所产生的价值就越大。

[70] 余传鹏．中小企业管理创新采纳与持续实施的运行机理研究［D］．华南理工大学博士论文．2015（4）．

[71] 张会．我国上市公司股权激励政策与公司绩效研究［D］．成都：西南财经大学硕士学位论文，2013．

[72] 张伶，张正堂．内在激励因素、工作态度与知识员工工作绩效［J］．经济管理，2008（16）：39-45．

[73] 张彦峰．A集团"90后"员工流失的成因与对策研究［D］．上海：华东理工大学硕士学位论文，2014．

[74] 张正堂．企业内部薪酬差距对组织未来绩效影响的实证研究［J］．会计研究，2008（9）：81-87．

[75] 赵峰，甘亚雯．高新技术企业新生代知识型员工激励问题研究［J］．科学管理研究，2017（6）：93-96．

[76] 赵曙明．员工素质、协作性、积极性与绩效的关系：三种资本整合的视角［J］．管理世界，2012（10）

[77] 赵喜霞，庄莉婉．80后员工激励问题探析［J］．长沙大学学报，2019，33（2）．

[78] 郑雪艳．中国劳动密集型企业90后员工激励研究［D］．武汉科技大学硕士论文，2010．10．

[79] 郑宇轩，陆光．管理"90后"职工的竞争激励模型［J］．管理观察，2013（33）．

[80] 钟竞，韩杨，罗瑾琏．微观开放性视角下创造力的多层次影响机制探

究［J］．科技管理研究，2016，36（11）．

［81］钟梅．非物质激励与科技工作者工作绩效：职业幸福感的中介作用：以海南省为例［D］．海口：海南大学硕士学位论文，2016.

［82］周文杰，王伟．90后员工的挑战与人力资源变革［J］．企业管理，2013（8）．

［83］朱伟民．战略人力资源管理与企业知识创造能力：对科技型企业的实证研究［J］．科学研究，2009（8）：1228-1237.

［84］资料来源：国家科技部．国家高新技术产业开发区高新技术企业认定条件办法［Z］．国科发火字［2000］324号。

附　录

附录 A　高新技术企业"90后"知识型员工激励状况访谈纲要（"90后"知识型员工用）

一、访谈目的

作为高新技术企业创新发展的主力军，"90后"知识型员工的工作积极性不仅直接影响其工作绩效，还对组织绩效及组织的长远发展产生非常重要的影响。因此，了解"90后"知识型员工的激励状况，在此基础上制定有针对性的激励措施，对于高新技术企业的发展至关重要。

二、访谈对象的基本信息

1. 姓名（　　）　2. 性别（　　）　3. 年龄（　　）　4. 工作年限（　　）
5. 学历（　　）　6. 工作岗位（　　）　7. 技术职称（　　）

三、访谈内容

1. 您的收入主要包括哪几部分？您对自己目前的收入水平满意吗？

2. 企业会定期对您进行培训吗？采取的培训方式都有哪些？

3. 企业是如何对您的工作业绩进行考核的？您认为合理吗？

4. 企业都有哪些形式的福利？您对企业提供的福利是否满意？

5. 企业目前所采取的激励措施中，您最满意的是哪一种？为什么？

6. 企业目前所采取的激励措施中，您最不满意的是哪一种？为什么？

7. 您对目前自己所在的工作团队满意吗？工作团队对您工作效率的提高产生了怎样的影响？

8. 您所在的企业是更重视物质激励还是更重视精神激励？您认为这样合理吗？

9. 您所在的企业有哪些中长期激励的方式？您能获得这些中长期激励吗？

10. 在工作中您的上级领导经常与您沟通吗？这种沟通有助于您工作积极性的提高吗？

11. 您认为在什么情况下会考虑离开所就职的企业？

12. 您喜欢在什么样的工作氛围中工作？现在的企业达到您的预期了吗？

13. 在职业发展过程中，您所在的企业是否存在论资排辈的现象？您对这种现象持什么样的态度？

14. 您每天的工作时间是怎样安排的？工作自主性强吗？

15. 您认为当前影响您工作积极性发挥的主要因素有哪些？

16. 您对自己的职业生涯发展是如何规划的？

17. 您认为企业目前所采取的激励措施应该如何改进？

18. 您认为企业的管理方式是否合理？企业现有的管理方式是否影响了您工作积极性的提高？

19. 作为"90后"知识型员工，您认为目前所从事的工作实现自身价值了吗？

20. 您如何看待企业所提供的物质水平及良好的人际关系对提高您工作积极性所产生的影响？

21. 在工作中，您是更看重物质收入还是更看重职业发展？

22. 您更看重哪些激励因素？您认为学历层次对激励因素有什么影响？

23. 您在这家企业工作几年了？随着工作年限的增长，您的激励需求发生了哪些变化？

24. 您认为婚姻状况是如何影响您对激励因素的偏好的？

25. 您对目前的薪酬水平满意吗？您认为薪酬水平对激励因素的选择有什么

影响？

26. 您认为企业领导者对激励问题重视吗？领导者是否把对员工的激励作为企业的重要战略规划来执行？

27. 您认为在激励员工方面企业的资源分配情况如何？资源分配状况对员工激励有什么影响？

28. 在工作中您的自主权大吗？领导是不是经常干涉您的工作？对此您有什么看法？

29. 您对企业当前的激励措施满意吗？您认为企业的激励措施与员工的需求要怎样协调才能真正激发员工的工作积极性？

30. 请您结合自身工作情况，谈一谈您如何看待领导者的经营理念对激励效果方面所产生的影响？

31. 在工作过程中，您觉得与同事和领导相处情况如何？这对提高您的工作积极性影响大吗？

32. 您觉得您目前所从事的工作有挑战性吗？如果没有，您认为造成工作缺乏挑战性的原因是什么？您希望企业在这方面如何改进？

33. 您认为在目前工作中您发挥了多少能力？

附录 B　高新技术企业"90后"知识型员工激励状况访谈纲要（管理人员用）

一、访谈目的

"90后"知识型员工是高新技术企业创新发展的主力军，"90后"知识型员工的工作积极性不仅直接影响其工作绩效，还对组织绩效及组织的长远发展具有非常重要的影响。因此，从企业管理者的角度了解"90后"知识型员工的激励状况，在此基础上制定有针对性的激励措施，对于高新技术企业的发展具有非常重要的作用。

二、访谈对象的基本信息

1. 姓名（　　　）　2. 性别（　　　）　3. 年龄（　　　）　4. 工作年限（　　　）
5. 学历（　　　）　6. 工作岗位（　　　）　7. 技术职称（　　　）

三、访谈内容

1. 您所在的企业有专门针对"90 后"知识型员工的系统完善的激励体系吗？

2. 在对"90 后"知识型员工激励的过程中，您遇到的最大难题是什么？

3. 您所在的部门"90 后"知识型员工的工作积极性总体如何？

4. 您认为激励在调动"90 后"知识型员工的工作积极性方面作用如何？

5. 对于"90 后"知识型员工，企业目前主要采取什么样的激励措施？您认为各种激励措施的优缺点是什么？

6. 目前企业内"90 后"知识型员工的流失率高不高？您认为造成"90 后"知识型员工流失的主要原因是什么？

7. 企业制定的激励措施是如何执行的？在执行中遇到的最大困难是什么？请您举例加以说明。

8. 企业在对"90 后"知识型员工进行激励时，是否注重各种不同激励方式的有机组合？

9. 目前在企业的激励措施中，您认为哪些是可以继续使用的？哪些是应该停止使用的？

10. 除了企业制定的激励措施外，您还使用哪些激励方式激励本部门的"90 后"知识型员工？

11. 您所在的企业是否考虑过股票、期权等长期激励方式？

12. 您认为企业目前的激励体系需要重点在哪些方面加以改进？

13. 企业制定激励措施的流程是怎样的？

14. 企业有专门针对"90 后"知识型员工发展的长远规划吗？

15. 企业的激励措施多长时间改进一次？是如何改进的？

16. 您所在的企业是如何奖励"90 后"知识型员工的创新行为的？

17. 您如何看待领导者的经营理念对于激励效果方面所产生的影响？

18. 您对企业当前的激励措施满意吗？您认为企业的激励措施与员工的需求

如何更好地协调才能真正激发员工的工作积极性？

19. 您认为目前所从事的工作有挑战性吗？如果没有，您认为造成工作缺乏挑战性的原因是什么？您希望企业在这方面如何改进？

20. 作为领导，您经常与下属沟通交流吗？您认为与下属的沟通交流在提高员工工作积极性方面有什么作用？

21. 作为领导，您是如何对待工作中犯错的员工的？

22. 工作岗位的不同会影响您对激励因素的偏好吗？

附录C 高新技术企业"90后"知识型员工激励状况调查问卷

尊敬的先生（女士）：

您好！

为了深入了解当前高新技术企业"90后"知识型员工的激励状况，开展了此次调查研究工作。调查以不记名的形式进行，我们将对您的资料完全保密，衷心感谢您的合作！

一、单项选择题。下面是您本人及您在工作中感受到的一些基本信息，请将正确的选择填在（　　）里。

1. 贵公司所处的领域是（　　）

A. 电子信息技术　B. 生物与新医药技术　C. 航空航天技术　D. 新材料技术　E. 高新技术服务　F. 新能源及节能技术　G. 资源与环境技术　H. 高新技术改造传统产业领域

2. 您的性别是（　　）

A. 男　B. 女

3. 您的年龄是（　　）

A. 21~25 岁　B. 26~31 岁

4. 您的学历是（　　）

A. 高中及以下　B. 大学专科　C. 大学本科　D. 硕士研究生　E. 博士研

究生

5. 您在本单位的岗位是（　　　）

A. 普通员工　B. 基层管理人员　C. 中层管理人员　D. 高层管理人员

6. 您从事本岗位的年限为（　　　）

A. 2 年及以下　B. 3～5 年　C. 6～10 年　D. 10 年以上

7. 您的婚姻状况是（　　　）

A. 已婚　B. 未婚

8. 您的薪酬水平（年薪）为（　　　）

A. 5 万及以下　B. 6 万～10 万元　C. 11 万～15 万元　D. 15 万元以上

9. 您目前的激励感知程度为（　　　）

A. 积极性很高　B. 积极性较高　C. 积极性一般　D. 积极性较低　E. 没有
积极性

10. 您认为自己目前的能力发挥程度为（　　　）

A. 30%及以下　B. 31%～50%　C. 51%～80%　D. 81%～100%

11. 请将下列影响工作积极性的各因素按照您所认为的重要程度进行排序
（从最重要到最不重要）（　　　）

A. 工资水平　B. 奖金　C. 企业文化　D. 领导认可　E. 个人成长　F. 成
就感

12. 您对企业的使命及愿景认同吗？（　　　）

A. 完全认同　B. 基本认同　C. 一般　D. 不太认同　E. 完全不认同

13. 您对企业的团队合作氛围满意吗？（　　　）

A. 非常满意　B. 比较满意　C. 一般　D. 不太满意　E. 完全不满意

14. 您对企业的晋升渠道满意吗？（　　　）

A. 非常满意　B. 比较满意　C. 一般　D. 不太满意　E. 完全不满意

15. 您觉得您现在从事的工作有意义吗？（　　　）

A. 很有意义　B. 有意义　C. 一般　D. 基本没有意义　E. 完全没有意义

16. 您认为您的工作积极性发展趋势如何？（　　　）

A. 猛升　B. 缓升　C. 稳定　D. 缓降　D. 猛降

17. 您对企业的民主管理状况满意吗？（　　　）

A. 非常满意　B. 比较满意　C. 一般　D. 不太满意　E. 完全不满意

18. 您对企业内部各部门之间的合作关系满意吗?(　　)

A. 非常满意　B. 比较满意　C. 一般　D. 不太满意　E. 完全不满意

19. 您在企业中能否感受到归属感?(　　)

A. 完全可以　B. 比较可以　C. 一般　D. 感受不到

20. 您对现在的工作环境和工作条件满意吗?(　　)

A. 非常满意　B. 比较满意　C. 一般　D. 不太满意　E. 完全不满意

21. 您对企业的薪酬制度与同行相比优势性是否满意?(　　)

A. 非常满意　B. 比较满意　C. 一般　D. 不太满意　E. 完全不满意

22. 您对现行绩效考核制度的合理性是否满意?(　　)

A. 非常满意　B. 比较满意　C. 一般　D. 不太满意　E. 完全不满意

23. 您对企业的培训情况是否满意?(　　)

A. 非常满意　B. 比较满意　C. 一般　D. 不太满意　E. 完全不满意

24. 您对与企业领导的沟通交流情况是否满意?(　　)

A. 非常满意　B. 比较满意　C. 一般　D. 不太满意　E. 完全不满意

25. 您认为吸引您留在本单位的最主要原因是什么?(　　)

A. 合理的薪酬福利　B. 良好的人际关系　C. 良好的工作环境　D. 个人的职业发展机会　E. 科学的绩效分配　F. 多样化的激励手段

26. 您现在获得的薪酬水平能反映出您的工作能力吗?(　　)

A. 完全可以　B. 比较可以　C. 一般　D. 完全不可以

27. 当您在工作中取得成绩时,您最希望获得哪种激励方式?(　　)

A. 物质激励　B. 培训激励　C. 荣誉激励　D. 晋升激励

28. 您认为企业在进行激励体系设计时,最应该体现出以下哪一点?(　　)

A. 外部竞争性　B. 内部公平性　C. 自我公平性　D. 持续发展性

29. 您与同事和领导的相处融洽吗?(　　)

A. 非常融洽　B. 比较融洽　C. 一般　D. 不太融洽　E. 非常不融洽

30. 您觉得工作中的挑战性如何?(　　)

A. 非常有挑战性　B. 比较有挑战性　C. 一般　D. 不太有挑战性　E. 完全没有挑战性

31. 在对员工进行考核时,您所在的企业采取的考核依据是什么?(　　)

A. 员工个人业绩　B. 对员工的印象　C. 员工综合素质　D. 其他

二、多项选择题。下面是关于您在工作中感受到的一些基本情况，请将正确的选项填在（　　）里。

1. 您在工作中看重的因素是什么？（　　）

A. 优秀的企业文化　B. 工作发展前景　C. 丰厚的报酬　D. 企业晋升机制　E. 良好的工作环境　F. 其他

2. 目前您所在的企业为你提供哪些福利？（　　）

A. 住房补贴　B. 津贴　C. 伙食补助　D. 外地旅游　E. 发放礼品　F. 提供免费健身场所　G. 免费体检

3. 影响您工作积极性的原因有哪些？（　　）

A. 生活福利待遇低　B. 报酬不合理　C. 不能发挥个人才能　D. 看不到职业发展前景　E. 人际关系难处理　F. 学习不到新知识

4. 当您在工作中出现差错时，领导的态度怎样？（　　）

A. 不留情面地严厉批评　B. 私下批评斥责　C. 批评且给予鼓励　D. 其他

5. 您希望目前企业的哪些激励措施能够得到加强？（　　）

A. 业务培训　B. 带薪休假　C. 文化活动　D. 身体健康检查　E. 单位工作餐　F. 工伤保险　G. 学习教育

6. 下列哪种情形在您的企业是比较常见的？（　　）

A. 领导许诺多，兑现少或兑现慢　B. 时间观念差　C. 上级经常干扰自己的工作　D. 经常不知道应该向谁汇报　E. 没人愿意拍板决策　F. 领导经常交办事项却不问结果

7. 您认为目前企业存在哪些主要问题？（　　）

A. 没有规范的管理制度　B. 市场开发不力、产品销售不畅　C. 企业激励机制不合理　D. 企业绩效考核体系不健全　E. 企业人员流动率太高　F. 缺乏企业文化

8. 您喜欢哪种激励方式？（　　）

A. 现金奖励　B. 获得荣誉证书　C. 公开表扬　D. 优先职位晋升机会　E. 员工旅游　F. 培训机会　G. 带薪休假　H. 股权激励

9. 下列哪些物质激励措施是您期望企业采用的？（　　）

A. 有竞争力的薪酬标准　B. 提高奖金额度　C. 增加福利补贴　D. 建立公平合理的薪酬体系　E. 其他

10. 下列哪些精神激励措施是您期望企业采用的？（　　）

A. 晋升　B. 自由的工作环境　C. 工作的自主权　D. 上级的认同　E. 良好的企业文化　F. 学习机会　G. 其他

11. 在您的工作中，您认为什么因素制约了工作的完成质量？（　　）

A. 领导者的创新意识　B. 规章和制度　C. 团队之间的沟通交流　D. 晋升空间和奖励机制　E. 凝聚力和团队意识　F. 员工素质　G. 其他

12. 导致您离职的企业原因是什么？（　　）

A. 竞争激烈　B. 人际关系复杂　C. 工作条件差　D. 待遇低　E. 管理落后　F. 晋升机制缺乏

13. 导致您离职的个人原因是什么？（　　）

A. 工作缺乏成就感　B. 工作压力大　C. 个人发展约束　D. 子女及配偶　E. 工作难度大

14. 针对目前的激励现状，您认为最需要改善的是什么？（　　）

A. 完善物质激励　B. 完善精神激励　C. 改善工作环境和人际关系　D. 提高激励的公平性　E. 改善绩效考核制度　F. 加强激励的及时性　G. 改进短期激励机制　H. 健全长期激励机制　I. 加强能力培训

15. 您认为企业的分配机制如何？（　　）

A. 绩效分配中存在严重的平均主义

B. 绩效机制严重向领导倾斜，一般员工得到的很少

C. 分配机制并没有完全反映出员工的贡献程度

D. 分配主要是按照员工资历实行

E. 分配制度很少调整，缺乏灵活性

16. 如果企业要对您进行培训，您喜欢什么形式的培训方式？（　　）

A. 课堂讲授　B. 案例分析　C. 分组讨论　D. 角色扮演　E. 进修学习　F. 交流学习

17. 您所在的企业目前有哪些激励方式？（　　）

A. 目标激励　B. 榜样激励　C. 物质激励　D. 情感激励　E. 赞赏激励　F. 晋升激励

三、下面是有关激励影响因素方面的一些问题，请在与您的看法一致的方框内打"√"（1表示"非常不同意"，2表示"不同意"，3表示"一般"，4表示

"同意"，5 表示"非常同意"）。

1. "物质基础" 有关题项

	描述	1	2	3	4	5
1	我的收入水平能够满足必要的开支	☐	☐	☐	☐	☐
2	我的收入水平与我的贡献是相符的	☐	☐	☐	☐	☐
3	企业内福利水平较高且福利形式多样化	☐	☐	☐	☐	☐
4	目前的福利计划能够满足我的需求	☐	☐	☐	☐	☐
5	我为企业做出贡献时能够得到奖金	☐	☐	☐	☐	☐

注：1~2 题为工资水平，3~4 题为福利水平，5 题为资金水平。

2. "职业发展" 有关题项

	描述	1	2	3	4	5
1	与物质报酬相比，我更在意发展机会	☐	☐	☐	☐	☐
2	企业发展机会多，有才能的人能够得到重用	☐	☐	☐	☐	☐
3	企业晋升员工的方式是公正合理的	☐	☐	☐	☐	☐
4	我在企业能够获得较多的培训机会	☐	☐	☐	☐	☐
5	通过培训、进修等机会使我的业务知识得到了更新和提高	☐	☐	☐	☐	☐
6	企业经常组织一些参观学习活动	☐	☐	☐	☐	☐

注：1~3 题为职业晋升机会，4~6 题为培训学习机会。

3. "人际关系" 有关题项

	描述	1	2	3	4	5
1	在工作中我能得到领导的信任和授权	☐	☐	☐	☐	☐
2	领导看重员工的个人能力，不任人唯亲	☐	☐	☐	☐	☐
3	上级领导能够协调解决工作中的问题	☐	☐	☐	☐	☐
4	我的主管在工作中经常倾听和采纳我的意见和建议	☐	☐	☐	☐	☐
5	主管对我的职业发展提供重要指导	☐	☐	☐	☐	☐
6	工作中能够得到部门同事的有力配合	☐	☐	☐	☐	☐
7	其他部门同事对我工作的开展起到了良好的促进作用	☐	☐	☐	☐	☐

续表

	描述	1	2	3	4	5
8	我的同事尊重我的想法和感受	☐	☐	☐	☐	☐
9	业余时间，我经常和同事外出活动	☐	☐	☐	☐	☐
10	企业内有良好的团队合作氛围	☐	☐	☐	☐	☐

注：1~5题为领导认可与信任，6~10题为同事关系。

4. "制度支撑"有关题项

	描述	1	2	3	4	5
1	政策和规章制度有利于我开展工作	☐	☐	☐	☐	☐
2	企业有完善的休息休假制度	☐	☐	☐	☐	☐
3	绩效考评制度科学，能够衡量我的工作业绩	☐	☐	☐	☐	☐
4	企业有系统完善的管理制度体系，并在员工入职时对员工进行了培训	☐	☐	☐	☐	☐
5	企业的管理流程非常顺畅	☐	☐	☐	☐	☐
6	企业在制定决策时重视员工的意见	☐	☐	☐	☐	☐
7	企业的工作流程有利于我完成工作任务	☐	☐	☐	☐	☐

注：1~4题为企业制度规定，5~7题为企业管理流程。

5. "环境支持"有关题项

	描述	1	2	3	4	5
1	我有机会和高层管理人员接触	☐	☐	☐	☐	☐
2	企业内有良好的信息沟通渠道，能够及时掌握有关的信息资源	☐	☐	☐	☐	☐
3	我能及时便利地获得与工作相关的政策和信息	☐	☐	☐	☐	☐
4	企业硬件设施便于工作顺利开展	☐	☐	☐	☐	☐
5	企业对安全与保障工作非常重视	☐	☐	☐	☐	☐
6	企业的工作条件适合我所从事的工作类型	☐	☐	☐	☐	☐
7	企业具有民主公平的文化氛围	☐	☐	☐	☐	☐
8	企业在重要节日会举行庆祝活动	☐	☐	☐	☐	☐
9	企业营造开放和尊重员工的文化氛围	☐	☐	☐	☐	☐

注：1~3题为企业内部信息沟通环境，4~6题为工作条件，7~9题为企业文化氛围。

6. 中介变量"员工敬业度"相关题项

	描述	1	2	3	4	5
1	我对工作投入了大量的时间和精力	☐	☐	☐	☐	☐
2	我总是想方设法提高工作效率	☐	☐	☐	☐	☐
3	我不会轻易离开现在所就职的企业	☐	☐	☐	☐	☐
4	我致力于高质量的工作	☐	☐	☐	☐	☐

7. 调节变量"工作能力"相关题项

	描述	1	2	3	4	5
1	我能充分胜任目前的工作	☐	☐	☐	☐	☐
2	我的工作能力得到领导和同事的认可	☐	☐	☐	☐	☐
3	我有很强的科研能力和创新能力	☐	☐	☐	☐	☐
4	我能在工作与生活之间保持适度的平衡	☐	☐	☐	☐	☐
5	我能很好地排解工作中的压力，享受工作带来的乐趣，高效率地完成工作	☐	☐	☐	☐	☐

8. 调节变量"组织战略"相关题项

	描述	1	2	3	4	5
1	企业具有明确的经营和发展战略	☐	☐	☐	☐	☐
2	企业十分重视"90后"知识型员工的发展	☐	☐	☐	☐	☐
3	企业表彰和奖励"90后"知识型员工的创新行为	☐	☐	☐	☐	☐
4	企业能够根据内外部环境的变化，迅速调整组织战略	☐	☐	☐	☐	☐

9. 因变量"组织绩效"相关题项

	描述	1	2	3	4	5
1	近年来，企业的研发成果数量显著增加	☐	☐	☐	☐	☐
2	近年来，企业新产品销售额显著提高	☐	☐	☐	☐	☐
3	近年来，本企业与竞争对手相比能较快地推出新产品	☐	☐	☐	☐	☐
4	近年来，本企业专利申请数量增多	☐	☐	☐	☐	☐
5	近年来，本企业产品的市场占有率显著提高	☐	☐	☐	☐	☐